CATALOGUE DES MSS. BIGOT

ANNOTÉ

PAR M. L. DELISLE

28

1877

SOCIÉTÉ

DES

BIBLIOPHILES NORMANDS.

MINISTÈRE DE L'INSTRUCTION PUBLIQUE.

BIBLIOTHECA
BIGOTIANA
MANUSCRIPTA

CATALOGUE DES MANUSCRITS
RASSEMBLÉS AU XVII° SIÈCLE
PAR LES BIGOT,
MIS EN VENTE AU MOIS DE JUILLET 1706,
AUJOURD'HUI CONSERVÉS A LA BIBLIOTHÈQUE NATIONALE.

PUBLIÉ ET ANNOTÉ

PAR

LÉOPOLD DELISLE.

ROUEN
IMPRIMERIE DE HENRY BOISSEL

M.DCCC.LXXVII

INTRODUCTION.

La Société des Bibliophiles français se fait un devoir
de mettre l'image vénérée de Jacques-Auguste de Thou
au frontispice de toutes ses publications. La Société des
Bibliophiles normands doit, elle aussi, associer à ses
travaux le souvenir d'une famille rouennaise, qui a laissé
un nom honoré dans la magistrature aussi bien que dans
les lettres, et dont la bibliothèque, célèbre dans toute
l'Europe savante, a fourni les meilleurs matériaux des
grands ouvrages qu'André Du Chesne, Arthur Du
Monstier, François Pommeraye et d'autres ont composés
au XVIIᵉ siècle sur l'histoire de Normandie.

Cette bibliothèque, qui pendant longues années fut,
pour ainsi dire, une institution publique, a été dissipée
au commencement du XVIIIᵉ siècle; mais la composition

nous en est révélée par le catalogue publié en 1706 par les libraires Boudot, Osmont et Gabriel Martin.

BIBLIOTHECA

BIGOTIANA.

SEV

CATALOGUS LIBRORUM, quos (dum viverent) fummâ curâ & induftriâ, ingentîque fumptu congeffêre Viri Clariffimi DD. uterque Joannes, Nicolaus, & Lud. Emericus Bigotii, Domini de Sommefnil & de Cleuville, alter Prætor, alii Senatores Rothomagenfes.

Quorum plurimi MSS. antiqui bonæ notæ tàm Græci quàm Latini; alii ipforum Bigotiorum, nec-non & diverforum doctrinâ Illuftr. Virorum manu & annotatis ornati.

Horum fiet AVCTIO

die 1. menfis Julii 1706. & feqq. à primâ pomeridianâ ad vefperam, Parifiis in Regiâ Gervafianâ, viâ Fœneâ : vulgò *College de M^c. Gervais ruë du Foin.*

La *Bibliotheca Bigotiana* ne comprend pas moins de 16500 articles, savoir : 2954 pour les in-folio ; 4345 pour les in-quarto; 8147 pour les in-octavo; 597 pour le Supplément et pour diverses collections; 450 pour les manuscrits.

Heureusement la plus précieuse partie de cette immense collection a échappé au fléau de la dispersion. Tous les manuscrits, à peu d'exceptions près, furent recueillis à la Bibliothèque du Roi et se retrouvent aujourd'hui à la Bibliothèque Nationale.

La Société des Bibliophiles normands a pensé qu'il y aurait intérêt à remettre en lumière la plus riche collection de manuscrits qui ait jamais été formée par un particulier en Normandie, et dans laquelle sont conservés en original plusieurs monuments essentiels de notre histoire et de notre littérature. Elle m'a fait l'honneur de me désigner pour diriger la réimpression de la partie de la *Bibliotheca Bigotiana* relative aux manuscrits, et pour y joindre des indications qui permettent de retrouver chaque volume dans les collections de la Bibliothèque Nationale, avec des notes complémentaires sur différentes particularités de bibliographie et d'histoire normande.

A défaut d'une étude approfondie sur les principaux membres de la famille Bigot, je reproduis ici, avec quelques additions, les pages que j'ai dû leur consacrer dans l'histoire des collections manuscrites de la Bibliothèque Nationale (1). Je voudrais que ce simple aperçu suggérât

(1) *Le Cabinet des manuscrits de la Bibliothèque Impériale*, I, 321-329.

à un de nos confrères la pensée de recueillir les pièces
éparses de la correspondance des Bigot, et de tracer un
tableau fidèle et complet de la vie de deux des plus grands
et des plus honorables bibliophiles du xviiᵉ siècle.

Jean Bigot, sieur de Somménil et de Cleuville, doyen
de la Cour des Aides de Normandie, forma à Rouen, dans
la première moitié du xviiᵉ siècle, une bibliothèque,
composée, au dire du P. Louis Jacob, « de plus de six
« mille volumes, entre lesquels, ajoute le même religieux,
« il y a plus de cinq cents manuscrits très bons et bien
« rares, lesquels il communique facilement à ceux qui
« en ont besoin pour le public, en quoy il sera à jamais
« louable (1). » André Du Chesne était l'un des savants à
qui Jean Bigot prêtait ses manuscrits (2). A la vérité, le
célèbre historien avait des droits particuliers aux faveurs
de Bigot, puisqu'il l'aidait à choisir les bonnes éditions
et lui faisait part des nouvelles bibliographiques (3). Jean
Bigot était aussi en relation avec d'Hozier (4) ; il admet-

(1) *Traicté des plus belles bibliothèques*, p. 681.

(2) Voy. la préface des *Historiæ Normannorum scriptores*.

(3) Voy. dans la Collection de Clairambault, vol. 1021, p. 155 et
156, des lettres adressées en 1620 par Jean Bigot à Du Chesne. Dans
une de ces lettres, Bigot exprime le désir de voir publier de bonnes
gravures représentant les monuments de Saint-Denis. Il y parle aussi
d'un ami qui devait lui rapporter des curiosités d'Italie.

(4) Il y a une lettre de Jean Bigot à D'Hozier, dans le volume 21
du Cabinet des titres, fol. 386.

tait dans son cabinet le Père Frédéric Flouet, l'ami et le correspondant de Bollandus (1).

Jean Bigot se procura des manuscrits qu'avaient déjà ramassés quelques amateurs normands, tels que Jean de la Lande, de Caen (2); Guillaume du Chemin, de Rouen (3); Gabriel Dumoulin (4), Louis Martel (5) et G. de la Mare (6). Mais il puisa surtout dans les bibliothèques monastiques qui au commencement du XVIIᵉ siècle étaient, en quelque sorte, à l'abandon. Il fut assez heureux pour acquérir beaucoup de manuscrits de Fécamp (7), qu'un grand prieur, nommé Campion, n'avait, pas craint de vendre à vil prix (8). Il sauva encore

(1) *Acta sanctorum*, mart. I, xxxvi.

(2) En tête du ms. français 1129, qui vient de Bigot, on lit ces mots écrits au xviᵉ siècle : « Joannis a Landa Cadomensis et amicorum. »

(3) Voy. le ms. français 580.

(4) Voyez le ms. latin 4192 B.

(5) Voyez les mss. latins 2636, 4918, 6219, 6741, 7739 et 7846, le ms. français 1644 et l'article de la *Bibliotheca Bigotiana* relatif au ms. 433. — Louis Martel, qui mettait sur ses livres la devise *Illustra Deus oculum*, anagramme des mots *Ludovicus Martellus*, était l'ami et le correspondant de Guillaume Postel et de Vincent Cossard; voyez plusieurs lettres des années 1576 et 1577 dans le ms. français 928.

(6) Ms. latin 5195.

(7) Voy. les mss. latins 281, 298, 989, 1714, 1805, 1872, 1928, 1939, 1944, 2079, 2331, 2401, 2403, 2628, 3182, 3330, 3499, 3990 A, 3994, 5057, 5356, 5359 et 5390.

(8) Appendice I de la préface.

d'importants morceaux des anciennes bibliothèques de
Conches (1), du Bec (2), du Mont-Saint-Michel (3), de
Saint-Etienne de Caen (4), de Saint-Taurin d'Evreux (5),
de Valasse (6), de Valmont (7), de Saint-Wandrille (8),
du prieuré de Bonne-Nouvelle (9), de la cathédrale d'E-
vreux (10) et de l'église d'Écouis (11). Il recueillit un des
manuscrits de l'ancienne librairie échevinale de Rouen,
une Légende dorée (12), qui n'a point encore été signalée
parmi les débris subsistant de cette intéressante collection.

Des nombreux enfants que laissa Jean Bigot trois
peuvent être cités comme ayant partagé les goûts de
leur père pour les livres : Jean Bigot, sieur de Sommesnil, Nicolas Bigot, sieur de Cleuville, et Émeric

(1) Mss. latins 452, 629, 698, 898, 2218 et 2821.

(2) Ms. latin 2342.

(3) Ms. français 73.

(4) Ms. latin 1930.

(5) Ms. latin 4861.

(6) Ms. latin 2904.

(7) Ms. latin 3249.

(8) Mss. latins 2133 et 5606.

(9) Ms. latin 1208.

(10) Ms. latin 401.

(11) Ms. latin 5389.

(12) Ms. latin 5629.

Bigot(1). Celui-ci, né à Rouen au mois d'octobre 1626 (2),
« se consacra tout entier à l'étude dans la bibliothèque
qu'il avait eue de son père et qu'il augmenta considéra-
blement. Il y tenoit toutes les semaines des conférences,
et se rendoit utile à tous les savants de l'Europe, soit par
ses lumières et ses avis, soit par les services qu'il s'em-
pressoit de leur rendre (3). »

Émeric Bigot visita les grands dépôts littéraires de la
France, de l'Italie, de la Hollande, de l'Allemagne et de
l'Angleterre(4). Il y étudia particulièrement les manuscrits grecs, comme l'attestent les volumineux recueils
de notes que possède la Bibliothèque nationale (5). Il paraît
même qu'il avait formé le projet de dresser un catalogue
général des livres grecs, tant imprimés que manuscrits(6).
Il fixa aussi son attention sur les manuscrits des abbayes
normandes (7).

(1) Titre de la *Bibliotheca Bigotiana.*

(2) *Mémoires* de Niceron, VIII, 86.

(3) Moréri, II, 471. — Comparez la préface de la *Bibliotheca Bigotiana*, reproduite plus bas, appendice II.

(4) *Mémoires* de Niceron, VIII, 86 et 87.

(5) Fonds grec, n. 3078 à 3117.

(6) *Menagiana*, éd. de 1694, p. 109.

(7) Voy. une lettre du 8 août 1665 dans laquelle Émeric Bigot rend
compte d'un voyage à Evreux, à Lire et au Bec. Ms. français 17683,
fol. 224 et 225. — Le Catalogue des mss. de Lire, écrit de la main
de Bigot, se trouve dans le ms. grec 3091, fol. 47.

Il se faisait un bonheur de montrer ses propres trésors aux hommes distingués qui visitaient la ville de Rouen. Les Pères Papebroke et Henschen ont dit avec quelle libéralité la bibliothèque d'Émeric Bigot leur fut ouverte en 1662, malgré l'absence du maître (1). En 1680, ce fut le tour du Père Hardouin, dont la satisfaction, mêlée peut-être d'un grain d'envie, nous est bien dépeinte par Bigot lui-même, dans une lettre adressée à Mabillon le 22 janvier 1680 (2) :

« Nous avons en cette ville le Père Hardouin, jésuite, « sous-bibliothéquaire du Collége de Clermont. Il est « venu voir une fois la bibliothèque du logis. Il y seroit « revenu plusieurs fois s'il n'estoit en retraite, et cette « retraite, qui est de trente jours, ne finira qu'à la fin de « ce mois. Il a trouvé dans nostre bibliothèque quantité « de livres imprimés qui ne sont point dans leur biblio- « thèque de Clermont, quoiqu'elle soit bien ample. « J'espère luy en faire voir quatre fois davantage qu'il « en a desjà veu. »

(1) « ... Se nobilis Aimerici Bigotii, quamvis absentis, bibliotheca obtulit, et satis fuit reliquisse schedulam ut a viro Bollandianis studiis addictissimo quæcumque juvare poterant impetrarentur; sicut olim, cum adhuc in vivis esset parens Rotomagensis consiliarius, P. Frederico Floueto collaborante, accepta inde fuerant plurima, ad idem institutum facientia. » *Acta Sanctorum*, mart. I, xxxvi.

(2) Orig. à la Bibl. Nat., ms. français 17678, fol. 60.

Émeric Bigot était en correspondance avec un grand nombre de savants, dont il gardait curieusement les lettres (1). Il suivait avec le plus vif intérêt les publications des Bénédictins (2), et il a grossi de plus d'un épi le Spicilège de dom Luc d'Achery. Voici dans quels termes il lui adressa, le 17 mai 1662. le complément du martyrologe de Vandalbert (3) :

« Je vous envoie le reste du martyrologe de Vandal-
« bert que M. Vossius m'a envoié. Il avoit empacqueté
« ce manuscrit et laissé à M. Junius, son oncle, avant
« d'aller à Utrecht, pour me l'envoier, s'il se présentoit
« quelque occasion, laquelle ne s'estant point présentée,
« et à son retour ayant receu ma lettre, et trouvé encore
« son manuscrit, il s'est donné la peine de le transcrire
« luy-mesme. Je pense que vostre volume n'est point
« encore publié, et qu'il vient assez à propos... Je vous
« prie que dans vostre preface vous fassiez mention très-
« honorable de M. Vossius, ayant envie de le prier de
« m'envoier ce manuscrit, qui, outre ce martyrologe,
« contient quantité d'autres bonnes choses. »

Mabillon consultait Émeric Bigot sur les textes altérés

(1) *Menagiana*, éd. de 1694, p. 160.

(2) Voyez les lettres de Bigot à D'Achery (mss. français 17683, fol. 210, et 17685, fol. 125 et 195), et à Mabillon (mss. français 19650, fol. 252, et 17678, fol. 47).

(3) Ms. français 17685, fol. 125.

II

dont il voulait rétablir les leçons véritables, et en recevait des conseils dictés par la plus saine critique et l'érudition la plus profonde. Les phrases qui suivent donnent une idée du ton de cette instructive correspondance (1) :

« Je vous renvoie, mon révérend Père, le papier que
« vous avés eu la bonté de me vouloir communiquer.
« Je n'y ay pas adjousté grand chose, parce que je suis
« aux champs où je n'ay point de livres, et de plus parce
« qu'il est très difficile de juger de la signification de ces
« mots là sans voir le texte tout au long : comme ces mots
« peuvent estre corrompus, il n'y a que le sens et la suite
« qui puissent vous apprendre les veritables leçons. Je
« serois d'avis qu'après les mots grecs latinisés vous
« missiés immédiatement après les mots grecs en cha-
« ractères grecs et ensuite l'explication. »

Les travaux de Du Cange furent appréciés à leur valeur par Émeric Bigot. Toutes les lettres écrites par ce dernier à Du Cange (2) sont empreintes de la plus respectueuse amitié et de la plus sincère admiration. Nous y voyons le savant rouennais prophétiser dès l'année 1666 le succès du Glossaire de la basse latinité qui ne devait paraître que douze ans plus tard :

---

(1) Lettre de Bigot à Mabillon, du 21 octobre 1671. Ms. français 17678, fol. 56.

(2) Fonds français, n. 9503.

« M. d'Hérouval m'a parlé d'un glossaire que vous
« avés envie de donner au public. J'ay appris cette nou-
« velle avec grand joie, ne connoissant personne qui en
« soit plus capable que vous et qui s'en acquite mieux.
« Tout ce qu'on en a jusques à présent est fort imparfait,
« et il n'y a que vous qui puissiés mettre la dernière main
« à ce grand ouvrage. Je voudrois avoir quelque chose
« pour y contribuer. Je vous le donnerois très volon-
« tiers. Je dois avoir quelque part un vieux glossaire
« manuscrit françois latin, que je chercherai, et si vous
« avés agréable je vous l'envoierai (1). »

Nul doute que Bigot n'ait tenu sa promesse. Il seconda
encore plus efficacement son ami dans la composition du
Glossaire de la basse grécité (2). Ce fut à la sollicitation
d'Émeric Bigot et de Jean Baptiste Cotelier que Du Cange
entreprit ce dernier ouvrage. Il l'a déclaré lui-même dans
des termes qui montrent toute l'estime qu'il avait pour
ces deux hellénistes : « Amicis insuper vv. cc. Emerico
« Bigotio et Joanne Baptista Cotelerio, quos in perfecta
« græcæ linguæ, ut et cæterarum disciplinarum, cogni-
« tione consummatissimos esse nemo hodie nescit, ad
« id adhortantibus, onus sat grave humeris impositum
« suscepi. » Mais Bigot ne se borna pas à des conseils.

(1) Lettre du 22 mai 1666. Ms. français 9503, fol. 3 v°.
(2) *Glossarium ad scriptores mediæ et infimæ græcitalis*, I, ii.

Il fournit des matériaux dont le prix était encore rehaussé par la modestie avec laquelle ils étaient offerts. Est-il rien de plus gracieux que le cadeau des notes prises en lisant le commentaire d'Eustathe ? Je cite la lettre d'envoi, qui est un ravissant tableau des occupations du savant biblio-phile à la ville et aux champs (1) :

A Rouen, ce 16ᵉ septembre 1685.

Monsieur,

Je suis très-fasché d'avoir tant tardé à vous remercier de la bonté que vous avés eue de m'instruire de tout ce qui se passe à Paris dans la littérature. Je vous assure que ce m'a esté une grande joye que de lire et relire vostre lettre. Par un excès de bonté vous m'avés envoié ce que vous aviés autrefois remarqué touchant le comté de Mortain, dont je vous suis très-obligé. Je voudrois avoir quelque chose qui peust vous estre utile pour quelqu'un de vos beaux et grands ouvrages; mais peu de chose échappe vostre diligence. Cependant, comme nous voilà aux vendenges, jettés, s'il vous plaist, les yeux sur le papier ci-joint, et voiés s'il n'y a point quelque petit grapillion qui vous ait échappé. Quoyque j'aye leu le commentaire d'Eustathius sur l'Iliade de suite, je n'ose pas vous assurer que je n'aye rien laissé à costé et passé par dessus. J'ay égaré le papier dans lequel j'avois mis les mots barbares qui estoient dans les pre-miers livres, qui se pourra trouver quelque jour, et que je vous envoierai après que je l'aurai trouvé. Je ne puis lire présentement le commentaire sur l'Odyssée. Je m'en vai à la campagne, où on ne

(1) Ms. français 9503, fol. 9.

parle point de grec. Il y a huit jours que je songe quel petit livre latin j'y pourrai porter, et je n'ay pu encore résoudre lequel je pourrai porter. Je ne veux point de livre qui m'attache et qui demande quelque attention, parce que je n'aurai pas le temps de lire long temps de suite. Peut estre que le hazard décidera cela.....

Mais ce qui achève de peindre les goûts studieux et le désintéressement de Bigot, c'est la lettre dans laquelle il entretient Du Cange de ses travaux sur le *Chronicon Alexandrinum*. Pendant les loisirs qu'il avait eus dans les hôtelleries d'Allemagné, il s'était amusé à corriger la version latine de cette chronique dans un exemplaire qu'il avait spécialement fait relier pour ce travail. De son côté, Holstenius avait commencé à revoir la même version et à collationner le texte grec sur le manuscrit original qui lui appartenait. Quand Bigot vint à Rome, Holstenius ne se contenta pas de lui donner communication de son travail; il le chargea de le terminer et de l'emporter en France pour le comprendre dans la collection des historiens byzantins. De retour à Paris, Bigot confie à Thoinard l'exemplaire du *Chronicon Alexandrinum* qu'il rapportait d'Italie et celui sur lequel il avait travaillé en Allemagne. Thoinard garda ces volumes pendant plusieurs années, différant d'en commencer l'impression et éludant les trop justes réclamations de Bigot. Ce dernier avait à peu près oublié cette affaire quand il apprend que Du Cange prépare une nouvelle édition du *Chronicon*

Alexandrinum, celle qui parut en 1688 sous le titre de Πασχαλιον *seu Chronicon paschale.* Loin d'être contrarié par cette nouvelle, Bigot ne songe qu'aux moyens de faciliter la tâche de son ami : il ne pense pas un instant à l'édition dont il avait, de concert avec Holstenius, réuni tous les éléments. La singulière conduite de Thoinard ne lui arrache pas même un mot amer ; il n'a qu'un désir, celui de recouvrer ses anciens travaux pour les mettre sans réserve à la disposition de Du Cange. Je me ferais un reproche de retrancher un mot à la lettre (1) dans laquelle sont rapportées toutes ces particularités :

A Rouen, ce 28ᵉ avril 1684.

Monsieur,

Ce m'a esté une grande joye, à mon arrivée en cette ville, de recevoir vostre lettre, qui m'a appris vostre dessein de faire rimprimer le *Chronicon Alexandrinum.* Je vous assure que je serois ravi d'y pouvoir contribuer quelque chose, et je l'aurois pu si j'avois à mon pouvoir et à ma disposition les deux exemplaires de cette chronique que j'ay prestés et confiés a M. Thoinard.

A mon voiage d'Allemagne, je rencontré un exemplaire de cette chronique en blanc, que je fis relier et que je lisois de temps en temps quand j'estois arrivé au logis et que je n'avois point d'autre occupation. Je corrigé à ce temps là la traduction en quantité de passages.

Estant à Rome, M. Holstein me dit qu'il avoit l'original de cette

_____

(1) Fonds français 9503, fol. 5.

chronique, que l'abbate della Farina, Sicilien, avoit apporté de
Sicile à Rome, que cet exemplaire avoit esté apporté à Messine par
un marchand de Constantinople, et que ce chronique devoit estre
appellé *Chronicon Constantinopolitanum*, ayant esté composé à
Constantinople et par un citoien de cette ville là, parce que l'autheur,
parlant des affaires de cette ville là, il disoit ἡμεῖς, *nos*. Il se flattoit
d'avoir trouvé le nom de l'autheur dans Suidas, qui dit que un certain
(dont je ne me souviens plus du nom présentement, je l'ay indiqué à
M. Thoinard) avoit escrit *Chronicon valde pium*, ce qu'il interpré-
toit de cette chronique, qui avoit esté composée principalement pour
marquer les jours des Pasques, et que pour cet effect il avoit mis à
la teste de sa chronique plusieurs extraits des anciens qui reguar-
doient la Pasque, qui se trouvent dans le manuscrit et non dans
l'édition de Raderus. M. l'abbé de la Farina presta ce manuscrit à
M. Holstein, qui transcrivit ces traités qui sont au devant de cette
chronique qui regardent la Pasque, et conféra une partie de la
chronique. N'ayant pu achever à la conférer à cause de son infir-
mité, il me pria de continuer de la conférer, me disant qu'il vou-
loit me bailler cet exemplaire pour porter en France, affin de le faire
imprimer au Louvre comme faisant partie de l'histoire byzan-
tine. J'entrepris cette collation et je l'achevé deux jours devant sa
mort (1). L'ayant achevée, je remis le manuscrit entre les mains de l'aumosnier de M. Holstein, et je le prié de luy dire que j'avois achevé
de conférer ce manuscrit que je luy renvoiois, et que je gardois son
exemplaire pour le porter en France, affin que, si M. Holstein mou-
roit et que l'on eust sceu que j'eusse eu cet exemplaire, on ne creust
point que je le voulusse retenir et me l'approprier. M. Holstein dit

---

(1) La mort de Holstenius arriva le 2 février 1661.

à son aumosnier qu'il me prioit de le prendre, de le porter en France et de le faire imprimer au Louvre. Après la mort de M. Holstein, j'en parlé à M. le cardinal Barberin, qui sçavoit bien que M. Holstein m'avoit confié cet exemplaire. L'original doit avoir esté mis dans la bibliothèque du Vatican : pour le moins, c'estoit l'intention de M. Holstein. S'il n'y est point, il doit estre dans celle de M. le cardinal Barberin, qui estoit exécuteur du testament de M. Holstein et légataire universel. J'ai baillé à M. Thoinard cet exemplaire, qui contient les diverses leçons du manuscrit grec, et de plus la correction de la traduction qu'avoit faite M. Holstein. C'estoit l'original de M. Holstein, et si M. Thoinard ne veut point rebailler cet exemplaire, on ne peut pas avoir cette correction de la traduction.

Je ne sçai quel conseil vous donner à l'égard de M. Thoinard. Il y a quelques années que je luy redemandé ces deux exemplaires, estant pressé par M. le cardinal Barberin de faire imprimer cette chronique au Louvre, comme M. Holstein m'en avoit chargé et que je luy avois promis. Il me dit qu'il la feroit imprimer après qu'il auroit fait imprimer son Harmonie des évangiles. Je luy respondis que l'un et l'autre n'avoient rien de commun, qu'il fairoit imprimer des Harmonies quand il voudroit, que j'estois bien aise que ceste chronique fust imprimée. Il me dit de plus qu'il avoit escrit sur ces deux exemplaires. Je luy répliqué pourquoy il y avoit écrit, ne luy appartenant pas. Pour vous parler franchement, je n'en eus pas grande satisfaction. Je croi pourtant que l'on pourroit luy en reparler, et sçavoir présentement son sentiment, s'il voudroit bailler ces deux exemplaires ou qu'il souffre que l'on copie les corrections du texte grec et de la traduction. Si M. Fromentin (?) est à Paris, il pourroit luy en escrire, ou bien, si vous voulez, je luy en escrirois. Il me semble qu'il ne devroit pas refuser de communiquer ces exemplaires. S'il veut, on imprimera ses remarques sur cette chronique et ses observations sur la pasque.

J'espère estre dans quinze jours au plus tard à Paris. Je fairai ce que vous jugerez à propos que je fasse, désirant vous obliger en tout ce que je pourrai et vous faire connoistre que je suis de tout mon cœur,

Monsieur, votre très-humble et très-obéissant serviteur,

BIGOT.

Mes recommandations, s'il vous plaist, à MM. Baluze, Cotelier, et aux RR. PP. de Saint-Germain-des-Prés.

Les nobles sentiments qui se trahissent dans la correspondance de Bigot (1) lui valurent l'estime de l'Europe entière. Sa mort, arrivée le 18 décembre 1689, fut un véritable deuil dans la république des lettres. Il eût voulu que, même après sa mort, les peines que son père et lui s'étaient données pour amasser des livres ne fussent pas perdues pour les érudits. Par son testament (2), il essaya d'assurer la conservation et même l'accroissement de sa

(1) On trouvera un certain nombre de lettres de Bigot à Boulliaud dans le ms. français 13024.

(2) « Par son testament fait en 1682, il prit un soin particulier de conserver sa bibliothèque, qu'il substitua à sa famille et ordonna que le prix de ses meubles seroit employé à l'acquisition d'un fonds, dont le revenu, joint à une partie de ses acquets, servirait à acheter chaque année de nouveaux livres. » *Mémoires* de Niceron, VIII, 89 et 90.

III

bibliothèque; il voulait qu'on la réunît à celle de son père, sans cependant confondre les deux collections. En cas de vente de la bibliothèque paternelle, il voulait que ses propres livres appartinssent au chapitre de Rouen; au refus des chanoines, ils devaient être vendus au profit de l'Hôtel-Dieu et du bureau des Valides. Le catalogue devait en être rédigé par l'abbé Lebrun-Desmarettes, plus connu sous le pseudonyme du sieur de Mauléon (1).

La bibliothèque que laissait Émeric Bigot passait pour valoir plus de 40000 livres. Le soin de l'entretenir et de l'augmenter fut confié à Robert Bigot, seigneur de Montville, conseiller au Parlement de Paris, qui mourut en 1692 (2), sans avoir réalisé le dessein qu'il avait eu « de « faire imprimer les lettres que les sçavans ont autres « fois écrittes à feu M. Émeric Bigot, son cousin germain, et même une manière de Bigotiana (3). »

(1) Langlois, *Nouvelles recherches sur les bibliothèques des archev. et du chapitre de Rouen* (Rouen, 1854, in-8°), p. 11. L'auteur dit avoir tiré ces détails du testament d'Émeric Bigot, dont une copie existe aux Archives de la Seine-Inférieure.

(2) Moréri, II, 471. Sur Robert Bigot, voyez les détails publiés par M. le Vte d'Estaintot, dans son introduction aux *Mémoires du Président Bigot de Monville* (Rouen, 1876, in-8°), p. XII-XVI.

(3) Léonard de Sainte-Catherine, *Nouvelles de la république des lettres*, mss. français 24471 et 24472.

Quelques années après la mort de Robert Bigot, la bibliothèque à la formation de laquelle une famille puissante avait travaillé pendant tout un siècle, fut achetée par des libraires de Paris, qui la vendirent en détail dans le cours de l'année 1706. Ils en publièrent un bon catalogue, dans lequel une section spéciale est consacrée aux manuscrits. C'est celle dont la Société des Bibliophiles a bien voulu me charger de donner une nouvelle édition.

Les manuscrits de Bigot, au nombre de plus de cinq cents, et dont plusieurs sont du plus haut intérêt pour l'histoire de la Normandie, furent acquis par l'abbé de Louvois pour la Bibliothèque du roi; ils ne coûtèrent qu'une somme de quinze cents livres. Les registres de la Bibliothèque semblent indiquer que l'acquisition comprit tous les manuscrits portés au catalogue imprimé, sauf quelques articles, tels que les n°° 1, 3 et 4. Ces deux derniers se retrouvèrent plus tard dans la bibliothèque des De Mesmes et par conséquent furent achetés par le roi en 1731. Il n'est pas étonnant qu'ils aient figuré dans la *Bibliotheca Bigotiana :* on sait que les libraires ont inséré dans ce catalogue un certain nombre de livres de la famille de Mesmes, qui n'avaient jamais appartenu aux Bigot(1).

(1) Prosper Marchand, *Hist. de l'Imprimerie*, p. 96, note.

La famille Bigot a encore possédé plusieurs manuscrits dont la mention ne se trouve pas dans la *Bibliotheca Bigotiana*. Comme tels on peut citer :

1° A la Bibl. Nat. les quatre manuscrits suivants : latin 10055. Pièces recueillies par Bigot sur l'histoire du chapitre de Rouen, sur les abbayes de Saint-Amand, du Bec, de Saint-Ouen, etc. — Latin 11317. Fastes d'Ovide. xiii° siècle. — Latin 11349. Petites pièces de vers latins. xvi° siècle. — Français 9691.

2° A la Bibliothèque de Rouen, dans l'ancien fonds, les trois manuscrits suivants : A 143. Traités de saint Ambroise. xi° siècle. A la fin, pièce de dix vers, dans laquelle le copiste est nommé. Provenu de l'abbaye de Fécamp. — A 421. Opuscules de saint Augustin, de Bède et d'Arnould de Bonneval. xii° siècle. — Y.26. Chroniques de Normandie. xiv° et xv° siècle. Provenu de l'abbaye de Fécamp.

3° A la même bibliothèque, dans le fonds Martainville, plusieurs recueils, dont M. S. de Merval a bien voulu m'envoyer la liste (1).

4° Dans le cabinet de M. Ch. Lormier un ms. petit in-folio sur papier, du xvi° siècle, contenant : du fol. 1 au fol. 64, les Chroniques de Normandie depuis les temps les plus reculés, et du fol. 64 au fol 143, un journal des

(1) Voyez cette liste plus loin, Appendice, III.

événements arrivés en Normandie, et particulièrement à Rouen, depuis 1500 jusqu'en 1544.

5° Des papiers, aujourd'hui dispersés, qui faisaient partie du cabinet de M. Parison.

Je ne saurais terminer cette notice préliminaire, sans remercier mes confrères M. Ch. Lormier et MM. de Merval du précieux concours qu'ils ont bien voulu apporter à la réimpression du Catalogue des manuscrits des Bigot. C'est au talent bien connu de M. Louis de Merval que la Société des Bibliophiles doit la planche qui orne le présent volume, et qui est la fidèle reproduction d'un des *ex libris* de la famille Bigot.

APPENDICE.

———•◦•———

I

LETTRE DE DOM MAUR BENETOT A DOM LUC D'ACHERY.

Mon Révérend Père,

Estant ces jours passez à Rouen, je fus conseillé de voir Monsieur Mareste, advocat général en la Cour des aydes, lequel, après son [frère], jadis ancien religieux de Fescamp, à présent décédé, s'est employé à l'histoire du dit monastère de Fescamp, qui est maintenant achevée et fera un bien juste volume in folio. J'en ay veu autant qu'une ou deux heures de temps me l'ont peu permettre, et croy qu'elle sera assez bien receue dans ce temps où l'histoire est en vogue. M. Bigot, qui luy a forni plusieurs mémoires, est de mesme advis. Il a employé jusque à quatre ou cinq cents livres pour faire graver en cuivre les sceaux et armes des abbez. Il y a quelque temps qu'il proposa à nos Pères de Bonnes Nouvelles à Fescamp, s'ils voudroient s'obliger de lever quelque nombre des exemplaires pour les distribuer aux monastères, attendu que les imprimeurs ne voudroient l'imprimer qu'à cette condition; dont il n'a eu response, ce qui luy a donné quelque mescontentement, que pourtant il ne m'a pas tesmoigné. Les raisons qui ont obligé nostre R. P. prieur de différer la response estoient que quelqu'un de nos confrères pouroit luy mesme entreprendre le desseing, et que, le frère du dit sieur advocat ayant pendant son vivant tesmoigné peu d'affection pour nos Pères et leur establissement dans Fescamp, il auroit peut-estre fait couler quelque chose dans cette chronique à nostre desavantage. Mais ni l'une ni l'autre de ces raisons ne doibvent nous arrester. Non la première, parceque, quand on auroit donné vingt ans à nos confrères, je ne croy pas qu'ils peussent recueillir ce que le dit sieur a desja : Vostre Révérence sçait assez que les mémoires d'une histoire ne s'amassent qu'à la longue et souvent lorsqu'on y pense le moins; joint qu'il a les originaux de quantité, comme martyrologes, obituaires et autres manuscrits dudit monastère, par devers luy, qui ont esté vendus autrefois avec tous les manuscrits de nostre bibliothèque par feu M. Campion, grand prieur. Il prévient l'autre empeschement par toutes les propositions raisonnables qu'il fait de souffrir que, quand on l'imprimera, quelqu'un de nos Pères voie par pièces la dite Chronique et en retranche ce qu'il ne jugeroit pas à propos d'y estre inséré. Si l'on veut y mestre nostre establissement, je croy qu'il n'en fera aucune difficulté. Je me suis obligé de luy rendre response après avoir sceu la volonté de nos Révérends Pères, que je vous prie me faire congnoistre. Car, si l'on ne veut pas accepter ses offres, il faut que ce soit par une honneste défaite, attendu qu'ayant tous les jours affaire de luy de tous les monasteres de cette province à cause de sa charge, il est nécessaire d'entretenir l'affection qu'il témoigne.

Je resteray encore quinze jours à Jumièges, où je suis pour renger les livres de la bibliothèque et en dresser le catalogue. Si j'avois plus de temps, je le fairois pareillement des manuscrits, qui en ont grand besoing, ny en ayant aucun de bien fait, mais je ne crois pas qu'on m'en donne le loisir. Aprez ce travail, je retourne à Fescamp pour autres quinze jours, et de là où l'obéissance m'apellera. Je supplie de tout mon cœur Vostre Révérence de se souvenir de moy en ses sains sacrifices et me tenir tousjours, mon Révérend Père, vostre très humble et affectionné confrère :

F. MAUR BENETOT, M. B.

A Jumièges, le 27 de juin 1655.

(Original, Bibl. Nat. ms. français 17685, fol. 39.)

II

AVERTISSEMENT MIS PAR LES LIBRAIRES EN TÊTE DE LA
BIBLIOTHECA BIGOTIANA.

LECTORI.

En tibi, Lector, thesaurum litterarium non sanè spernendum reseramus, ad cujus commendationem ipsum BIGOTIANUM nomen satis confert. Enimverò inter exquisitioris litteraturæ Viros BIGOTIOS potissimùm claruisse nemo nescit. Hæc ipsorum est non per Galliam modò, verùm et per reliquas Europæ regiones fama propria. Testantur Viri principes atque eruditi, inter quos et BIGOTIOS perpetua intercessit Epistolaria necessitudo, quorùmque plurimi Patriam deserentes itinera difficillima suscepère, tàm doctorum Virorum visu et familiari colloquio aliquantulum fruituri : Quorum etsi non est animus encomium hîc contexere, liceat tamen de LUD. EMERICO BIGOTIO pauca præfari.

Hunc non nobilitas generis, non Senatoria dignitas, non amor parentum, nec prolis spes et ambitio à litteris deterruit, verùm libertatis Philosophicæ sectator indefessus, cælebs vixit, ut sublato omni impedimento alacriùs in studia totum se conferret. Avitis igitur succensus exemplis, et paternis hærens vestigiis, BIGOTIANAM Bibliothecam, tunc temporis tamen numero et delectu Codicum tàm MSS. quàm impressorum famosam, quovis pretio, quàvis curâ et industriâ augendam et exornandam animosè suscepit. Quo quidem constans consilio totum peragravit orbem litteratum, Bibliothecas et Musæa lustravit, Doctorum autographa scrupulosè et solerter indagavit, inter spinas harum lucubrationum Rosas colligens innumeras.

In Patriam redux, spoliis litterariis Musæum illustravit, sua studia adjuvit, et novum Patriæ decus addidit suppeditando Viris eruditis, modò Codices MSS. nondum editos quos è Bibliothecis extraneis ipse infinito labore eruerat, modò suas in ipsos Codices collationes et notas. Nec tanti Viri et de Republicâ litterariâ tam benè meriti memoriæ laudem et gratiam denegemus pro editione non satis prædicandâ *Palladii de vitâ D. Chrysostomi*, et aliorum monumentorum, inter quæ celeberrima et à Viris doctis jam dudùm expetita *D. Chrysostomi Epistola ad Cæsarium, Gr.* quam Florentiæ feliciter repertam, suâ Præfatione et Notis illustratam, edidit Parisiis anno 1680, cujus insignis operis historia simul et encomium studioso Lectori patet in novâ ejusdem editione per Virum Cl. D. Jacobum Basnage evulgatâ anno 1687. Hæc prorsùs sufficiant, laudes etenim omnes superat nomen tàm egregii Viri.

III

MANUSCRITS BIGOT, CONSERVÉS A LA BIBLIOTHÈQUE DE ROUEN, DANS LE FONDS MARTAINVILLE. (*Notes com- muniquées par M. S. de Merval.*)

Y. 1. Fragments d'un registre du Tabellionage de Baieux es années 1389, 1390 et 1391. — *In-folio carré, sur parchemin. (Ex libris Johannis Bigot.)*

Sur le premier feuillet est écrit : « Il y a de la perte entre « les pages 8 et 9, scavoir depuis le 12 septembre 1389 « jusques au 30 janvier audit an 1389 et ce fragment com- « mence du premier juillet 1389 et finit le 2 feburier 1391. » M. A. Pottier a ajouté cette note : « Ms. précieux, minutes « d'un haut intérêt pour l'étude des usages et habitudes « de ce temps, où l'on retrouve des noms de familles que « l'on chercherait vainement ailleurs, entre autres celui « de *Nicole Oresme* dans la fondation d'un *luminaire des* « *poures establi en l'église Nostre Dame de Bayeux.* »

Y. 2. Fondations, Epitaphes. — *Grand in-folio sur papier. (Ex libris Johannis Bigot.)*

Écriture du xvii° siècle. — Ce manuscrit contient les épi- taphes et inscriptions de fondations placées dans les églises paroissiales et abbatiales de Rouen et des environs. — Des- sins à la plume et coloriés de tombeaux et de verrières. — Extraits des registres de l'Echiquier et du Tabellionage.

Y. 3. Pièces diverses. — *Grand in-folio sur papier. (Ex libris Johannis Bigot.)*

Écriture du xvii° siècle. — On trouve dans ce manuscrit :

Anoblissements par la chartre des francs-fiefs de 1470 et par lettres particulières. « Coppye collationnée, signée et cer-« tiffiée par Simon, premier huissier du Roy en sa cour des « Aydes de Normendie, le vingt-deux jour d'apvril 1638. »

Coppie du registre ou estat envoyé en la cour des Aydes de Normendie par les esleus de Vallongnes en l'an mil cinq cens vingt-trois.

Coppie collationnée par Lestoille, principal commis du greffe de la cour des Aydes de Rouen, du registre estant en icelle, envoyé par les esleus de Constance, en la dicte cour en l'an 1524, la dicte collation faicte le dernier jour d'apvril 1638.

Coppie d'un registre estant au greffe de la cour des Aydes de Normendie, faicte et dellivrée le 15 jour d'apvril 1638, où est la recherche des personnes nobles faicte par les esleus de Mortaing en l'an 1524.

Y. 4. Harangues et Discours. — *Grand in-folio sur papier. (Ex libris Johannis Bigot.)*

Écriture du XVII° siècle. — Dix-neuf harangues, oraisons ou remonstrances prononcées par MM. les premiers présidents du Parlement de Rouen aux états de la province de Normandie de 1560, 67, 68, 69, 70, 71, 72, 73, 74, 75, 76, 77, 78, 79, 80, 81, 82, 83, et 162.....

Y. 5. Preuves de noblesse des familles du Bailliage de Caux, tirées des registres de l'Echiquier, du Tabellionage de Rouen, d'inscriptions tumu-laires, du XIV° siècle à la seconde moitié du XVI°. — *3 volumes grand in-folio sur papier. (Ex libris Johannis Bigot.)*

Cette réunion de pièces d'une écriture du commencement

du xviie siècle formait cinq volumes. — Le premier
et le troisième manquent. — Les noms de familles et
de paroisses sont rangés par ordre alphabétique. —
A la fin du dernier volume on trouve vingt-trois pages
de pièces et de recherches sur le royaume d'Yvetot,
les droits de ses seigneurs, les familles qui ont possédé cette seigneurie, etc.

Y. 6. Establissement de la Court des Aydes en Normandie. — *Grand in-folio sur papier. (Ex libris aux armes des Bigot, plus grossièrement
gravé que celui des volumes précédents sans
les mots Johannis Bigot, mais avec le crois-
sant sur le chevron, brisure de sa branche.)*
Ce Ms., écriture du xviie siècle, contient vingt-sept
chapitres traitant des offices, de la juridiction de la
cour, des prérogatives des officiers, des rapports de la
cour avec le Parlement, les bureaux des finances, etc.

Y. 7 et 8. Extraicts des registres secrets, plumitifs, du
conseil, etc., de la Cour des Aydes de Normandie. — *2 volumes in-folio sur papier. (Ex
libris semblable à celui du volume précédent.)*
Ces deux volumes, d'une écriture du xviie siècle, renferment l'indication des diverses affaires dont s'est
occupée la compagnie, des numéros des registres
conservés au greffe, avec un sommaire de ce qu'ils
renferment et les noms des familles dont il y est fait
mention, du 27 février 1519 au 17 décembre 1603. —
Sur le premier feuillet d'un de ces volumes est écrit:
« Coppié sur le Ms. qu'avoit compilé un surnommé

« de Seene, vivant commis au greffe de la dicte Cour et
« ensuite clerc du parquet de M. le procureur général. »

Y. 9. Deux cents généalogies de familles en grande partie normandes. — *Grand in-folio sur papier. (Ex libris Johannis Bigot.)*
Écriture du xvii° siècle. — Écussons coloriés.

Y. 10. Extraicts des registres du tabellionage de Rouen relatifs à des aveux, transactions, etc., passés entre des familles nobles de Normandie. — 1362. — 1493. — *Grand in-folio sur papier. (Ex libris Johannis Bigot.)*
Écriture du xvii° siècle.

Y. 11. Extraits des registres de la court des Aydes de Rouen. — Des anoblis depuis l'an 1518 jusqu'en l'an 1625; Et registre de la Cour estant en partie réfugiée à Caen. — *Grand in-folio sur papier. (Ex libris Johannis Bigot.)*
Écriture du xvii° siècle. — Nombreuses armoiries peintes.

Y. 16. La recherche des nobles faictes par les esleus de Bayeux en 1540. — Généalogies baillez à MM. les commissaires du regallement des tailles en l'an 1624 par ceulx qui se prétendoient nobles en l'eslection de Bayeux. — *Grand in-folio sur papier. (Ex libris Johannis Bigot.)*
Écriture du xvii° siècle. — Écussons au trait à la plume

très informes. — Sur le premier feuillet est écrit :
« Nota. M. du Perron, s^r de Benesville, conseiller en la
« court des Aydes de Normandie commissaire au réga-
« lement pour la dicte eslection m'a donné les dictes
« généalogies. » — (Claude du Perron, s^r de Bénesville,
fut reçu conseiller en la cour des Aides le 12 août 1608.)

Y. 19. Armaries des nobles de Normandie. — *Grand
in-folio sur papier. (Ex libris semblable à ceux
des volumes Y, 6, 7 et 8.)*
Écriture du xvie siècle. — Écussons coloriés. — Un grand
nombre inachevés.

Y. 22. Recueil de généalogies. — *In-folio sur papier.
(Ex libris Johannis Bigot.)*
Écriture du xviie siècle. On trouve dans ce manuscrit:
1° Tout cecy est pris d'un manuscrit que me presta l'an
1620 M. de Tilly; il estoit de l'abbaye de Walemont
au pays de Caux; il estoit in-4°, fort petit et estoit
transcript en parchemin de toutes les panchartes
de la dicte abbaye depuis la première fondation. —
(Robert Le Roux, s^r de Tilly, reçu conseiller au Parlement en 1611.)
2° Extraict d'un vieil livre manuscript où sont les noms,
armes et crys des nobles hommes du pays de Caux
en Normendie ensemble ceulx du temps passé, faict
comme l'on croit viron l'an 1400 et.... M. Cambden
d'Angleterre a le livre entier, dont le présent extraict
a été tiré en haste par M. Malherbe de Caen.
3° Généalogies de familles normandes.
4° Extraict d'un livre manuscript appartenant à M. de
Willequier, maistre des Comptes en Normandie,

lequel il a recouvert en la bibliothèque de feu son
père contenant les généalogies de la maison des
Du Bozc. — (Adrien Cavelier, s' de Villequier, reçu
conseiller du Roi, maître en sa chambre des Comptes
le 23 août 1605.)

5° Virorum omnium consularium ab instituto Rothomagensi Senatu hactenus ordine promotorum libri
quatuor Authore Baptista Candelario, regio sena-
tore. — M. de Tilly possède l'original.

6° Généalogie de la Famille Postel avec écussons coloriés.

Y. 24 et 25. Recueil des Présidents, conseillers et autres
officiers de l'Eschiquier et Parlement de
Rouen depuis l'establissement de l'eschiquier jusques à present. — *5 volumes in-
folio sur papier.*

Écritures des xvi°, xvii° et commencement du
xviii° siècle. — Ces volumes renferment des généalogies, de curieux détails sur les individus, sur la
transmission des charges, etc., des extraits des registres secrets du parlement, des particularités sur
la capacité et la vie privée de chaque magistrat. —
La liste des membres du Parlement va jusqu'en
1720. — Quoiqu'ils ne portent pas d'Ex libris, ils
ne proviennent pas moins de la famille Bigot. — Je
les ai connus toute ma vie chez M. le marquis
de Martainville, dont la mère était Françoise-Louise
Bigot, fille de Jean-Robert Bigot, s' de Sassetot et
de Saint-Martin-aux-Buneaux, président à mortier
au Parlement de Rouen, reçu en 1751. — Ils étaient

conservés par M. de Martainville, ainsi que tous les
volumes qui précèdent, comme papiers de famille, et
passaient pour avoir été écrits au jour le jour par les
différents membres de la famille Bigot, qui depuis le
commencement du xviie siècle s'étaient succédé dans le
Parlement. — Du reste, en les lisant on est convaincu
de la vérité de cette tradition. — Les rédacteurs parlent
sans cesse de leur père, de leur oncle, de leurs parents,
des communications qui leur sont faites par tel et tel.
Ces cinq volumes sont remplis de documents très précieux, et l'authenticité de leur origine ne me parait
pas plus douteuse que la véracité des faits qui y sont
mentionnés.

CATALOGUS
CODICUM
MANUSCRIPTORUM
BIBLIOTHECÆ
BIGOTIANÆ.

THEOLOGI, *in folio.*

1 Vetus Teſtamentum, Hebraïcè, cum Maſſorâ, tranſcrip-
tum anno ab orbe condito 5061. *ſeu* Chriſti 1301. *in
membr.*
No paraît pas être entré à la Bibliothèque du roi.

2 Vetus Teſtamentum, Lat. elegiacis verſibus, autore Petro
de Rigâ, *vel* Petro de Aurorâ. *in membr.*
Fonds Latin 8099.

3 Evangelia IV. Græcè. *in membr.*
Entré à la Bibliothèque du roi avec les mss. de la famille
de Mesmes.

3* Evangelia Latinè. *in membr.*
F. Latin 272.

4 Aĉtus Apoſtolorum, Epiſtolæ D. Pauli & Canonicæ,
nec-non Apocalypſis, Græcè, Armenicè & Italicè. *in
membr.*

A

F. Arménien 9. — Entré à la Bibliothèque du roi avec les mss. de la famille de Mesmes.

5 Evangelia Matthæi, Lucæ & Marci, Lat. cum Epiſt. nuncupatoriâ D. Hieronymi Damaſo Papæ. *Characte-ribus majuſculis, in membr.*

> * *Præterea ad calcem ſuppleta ſunt quædam fragmenta Evangelii Joannis, ejuſd. antiquitatis & iiſdem characteribus, quæ huic Codici defuiſſe videntur.*

> F. Latin 281 et 298. — Evangéliairo, malheureusement mutilé, écrit en grosses lettres onciales, probablement au viiiᵉ siècle. Sur le feuillet qui était jadis à la fin de l'évangéliaire et qui maintenant, par suite d'une transposition, se trouve en tête du ms. 298, on lit ces mots, en caractères du xvᵉ siècle : « Iste liber « est de ecclesia Sancte Trinitatis Fiscannensis. »

6 Evangelia IV. Lat. cum gloſſis, apoſtillis & comment. *in membr.*

> F. Latin 629. — Venu de l'abbaye de Conches. On lit au haut du premier feuillet : « De libraria Sancti Petri de Conchis. »

7 Hiſtoria Biblica, ab Exodo ad Evangelicam hiſtoriam, autore Petro Comeſtore, *juxtà conjecturam D. Joan. Bigotii.* in membr.

> F. Latin 5120.

8 Hiſtoria Ecclefiaſtica, eodem autore. *in membr.*

> F. Latin 5104.

9 Bible hiſtoriée, de Guyars des Moulins, traduite en François, & ornée de figures enluminées. *In membr.*

> F. Français 8. — Ce ms. n'a point appartenu aux Bigot. C'est

un des volumes de la bibliothèque des de Mesmes que les libraires insérèrent dans le catalogue Bigot.

10 Pars Veteris Teſt. à I. Paralipomenon, ad ſecundum Eſdræ, cum commento. *In membr.*

> F. Latin 401. — La note suivante, en caractères du xve siècle, a été ajoutée à la fin du volume : « De dono et legato scientifici « viri magistri Johannis Henrici, archidiaconi de Octa et pre- « bendati in presenti ecclesia, qui obiit anno Domini mille- « simo quadringentesimo octuagesimo tercio. PULCRI. »

11 Guiberti in Geneſim comment. libri X. Ejuſd. epiſt. de Judæ proditoris buccellâ, & de veritate Corporis & Sanguinis Chriſti in Euchariſtiâ, Sigefrido nuncu- pata. *In membr.*

> F. Latin 2501.

12 Angelomi in Regum libros comment.
Ernulphus Epiſcopus Roffenſis de inceſtis conjugiis.
— Ejuſd. Epiſt. de Altaris Sacramento. *In membr.*

> F. Latin 2446.

12* Comment. in Pſalmos, Gr. incerto autore.
> F. Grec 147.

13 Commentaria in Pſalterium Davidis, Sophronio dicata, incerto autore, *fortè D. Hieronymo*, (ait D. Joan. Bigotius.) *In membr.*

> F. Latin 452. — Au haut du premier feuillet : « Iste liber est « de libraria Sancti Petri de Conchis. »

14 Pſalterium, cum commentariis Anonymi. *In membr.*
> F. Latin 108.

15 Pſalterium, cum comment. autoris incerti. *In membr.*
    F. Latin 107.

16 Pſalterium, cum gloſſis. *In membr.*
    F. Latin 445. — Venu des de Mesmes et non des Bigot.

17 Comment. incerti autoris in Pſalmos. *In membr.*
    F. Latin 440.

18 Comment. in Pſalmos autoris Anonymi. *In membr.*
    F. Latin 449.

19 Petri Pictavienſis diſtinctiones ſuper Pſalterium.
    Joannis Belet ſumma de Officiis Eccleſiaſt. *In membr.*
    F. Latin 425.

20 Paulini Commentarius in Cantica Canticorum.
    — Ejuſd. Eccleſiaſtes, *ſive* Virtutum omnium liber.
    In membr.
    * *Ex conjecturis diverſorum in capite libri conſcriptis, hicce*
    Paulinus S. Bernardo coëtaneus apparet.
    F. 481.

21 Homiliæ diverſorum Patrum in Evangelia. *In membr.*
    F. Latin 3776.

22 Catena variorum autorum Græcorum in primam ad
    Corinthios, Græcè; numquam edita, *ex Sententiâ*
    D. Joan. Bigotii.
    F. Grec 227. — Le volume avait d'abord appartenu à Jacques
    Mentel, de Château-Thierri, mort en 1671, qui a mis en tête
    ces mots: « Ex Bibliotheca J. Jacobi Mentelii v. p. Castrotheo-
    « doricensis. »

23 Rituale Sacramentorum adminiſtrandorum. *In membr.*
    F. Latin 941. — La reliure de ce rituel, de la fin du xvi⁰ siècle,
    porte sur les plats le nom de « Johannes Mordant. »

24 Pontificale vetus. *in membr.*

> F. Latin 969. — Ce pontifical, écrit au xv⁰ siècle, doit avoir été fait pour un archevêque de Rouen.

25 Legendarium vetus Ebroïcenſis Eccleſiæ, cum Evangeliis per totum annum. *In memb.*

> F. Latin 816.

26 Lectiones & Evangelia pro feſtis Sanctorum.

> Littera Juramenti, aliaque Abbatiam & Monaſterium SS. Petri & Pauli de Conchis ſpectantia.
>
> Epiſtola Domini Noſtri Jeſu Chriſti de die Dominico ſervando. *Hæc omnia ſcripta ſunt per fratrem Nicolaum Hamoys monachum hujuſce cœnobii.* in membr.

> F. Latin 898. — Au fol. 6, charte de l'année 1256, relative au serment de fidélité que le prieur de Lierru doit prêter à l'abbé de Conches. — Au fol. 6 v⁰, charte de « Bernardus de Broquigne « juxta Portas, » au profit de l'abbaye de Conches, en date du mois d'avril 1256. — On lit au haut du fol. 8 : « Iste liber est « de abbacia beatorum apostolorum Petri et Pauli de Conchis. « Scriptum per manum fratris Nicolai Hamoys, monachi hujus « cœnobii. » Frère Nicolas Hamoys a tracé cette note, mais n'a pas copié le volume, comme le croyait le rédacteur du catalogue.

27 Graduale vetus. *in membr.*

> F. Latin 905. — C'est un graduel de Rouen, du xv⁰ siècle.

28 Graduale diverſæ ætatis. *in membr.*

> F. Latin 904. — Graduel de Rouen, du xiii⁰ siècle. On y remarque le mystère des bergers (fol. 11 v⁰), le mystère des rois mages (fol. 28 v⁰), les cérémonies des rogations (fol. 135 v⁰), et la procession de la fierte de saint Romain (fol. 147).

29 Apameenfis Diœcefis Breviarium, in quo per Lectiones habentur vitæ SS. hujufce Diœcefis.

> F. Latin 759. — Bréviaire de Rouen, du xvᵉ siècle. La vie de saint Antonin, qui a fait attribuer ce livre à l'église de Pamiers, est une addition faite après coup, dont il ne faut pas tenir compte quand on veut déterminer la première origine de ce bréviaire.

30 Obituarium Ecclefiæ Rothomagenfis.

> F. Latin 992. — Obituaire de la cathédrale de Rouen, copié au xviᵉ siècle et ayant appartenu aux chanoines Robert Richer et François Briffault.

31 Obituarium aliud ejufd. Ecclefiæ.

> F. Latin 993. — Obituaire de la cathédrale de Rouen, copié au xviiᵉ siècle.

32 Obituarium Abbatiæ S. Joannis Carnotenfis.

> F. Latin 991.

33 Amalarius de Officiis Ecclefiæ, & de Sacerdotum veftibus. Leonis Papæ Epiftola de tranflatione S. Jacobi Apoftoli. *in membr.*

> F. Latin 2401. — Sur le verso du dernier feuillet, une main du xiiᵉ siècle a tracé ces deux épitaphes :

Flaminis adventum sacri mundus celebrabat
     Et, Roberte, tibi jam Deus astra dabat.
Sol percurrebat Taurum Maique cluebat
     Tercia dena dies quando tibi requies ,
Quando corona datur, cum menbris urna paratur,
     Et terra tegeris; hic precibus coleris.

ITEM DE EODEM.

Vas virtutis in hoc Rotbertus vase quiescit,
     Cui tota labor pœnaque vita fuit,

' Annis inclusus fere quinquaginta duobus,
  Quot tormenta tulit dicere nemo potest.
A Geminis Phebus distabat quinque diebus
  Quando senex obiit et superos adiit.

34 Philonis Judæi liber de Mundo, Latinè redditus à Guillelmo Budæo.

   F. Latin 1614.

35 D. Dionyſii Areopagitæ opera, Gr. *Caraĉteribus majuſculis, in membr.*

   F. Grec 437. — Venu des de Mesmes, et non des Bigot.

36 Origenis homiliæ in Numeros, Lat.

   Baruch Propheta, ut eſt in Bibliis.

   S. Apollinaris paſſio. *in membr.*

   F. Latin 1632.

37 D. Athanaſii liber de Trinitate, liber de Spiritu ſanĉto,
   altercatio contrà Arrium, &c. Lat.

   D. Hieronymus de fide.

   Hugonis Epitaphium.

   Traĉtatus de Inſtrumentis quæ flatûs inſpiratione
   aguntur. *in memb.*

   F. Latin 1684. — Ce volume a probablement été exécuté au
xɪᵉ siècle, dans un monastère normand. Le frontispice est
formé d'un grand dessin au trait, représentant l'hérétique
Arrius terrassé par saint Athanase. Au revers du frontispice,
le copíste a tracé en rouge le titre des morceaux contenus dans
le volume : « In hoc codice continentur sancti Athanasii epis-
« copi de Trinitate libri VIII; de spiritu sancto liber unus,
« altercatio sancti Athanasii episcopi contra Arrium, Sabel-
« lium, Fotinum, hereticos; epistola Potamii ad eundem;

« epistola sancti Athanasii episcopi ad sanctum Luciferum
« episcopum; solutiones objectionum Arrianorum ; sancti Iero-
« nimi de fide. » Je crois que le copiste a fait connaître son nom
par·la prière qu'il a mise à la fin de son ouvrage (fol. 128) :
« Deus, propitius esto mihi peccatori Hugoni. » Sur le fol. 128 v°,
une main contemporaine a ajouté l'épitaphe en vers d'un certain Hugues, originaire du pays de Hasbain, qui avait été élevé
à Cambrai et qui fut enterré à Rouen :

Hic in non pulchro pulcher jacet Hugo sepulchro ,
    Qui carus clero claruit in populo.
Sermo suus ditem, pietas hunc fecit egentem ,
    Dum plures docuit, et sibi nil tenuit.
Martha ministerio , Paulus fuit ore profuso.
    Corpora stipe fovens, ægraque corda medens.
At sextas decimas Octobri dante kalendas
    Morte sua mestos deseruit populos ;
Edidit Asbanus claro quem sanguine pagus,
    Camaracus docuit, Rotomagus sepelit.
Non fuit etati nostræ neque forte sequenti ,
    Officio verbi , par erit, Hugo, tibi.
Tu, dum vixisti , decus æcclesiæ micuisti ;
    Sic nemo docuit, aut inopes coluit.
Tu lumen patriæ, gentis tu gloria nostræ ,
    Pacem sevisti lacius in populis.
Nunc cedrus , spina , mirtus, te abies et oliva,
    Buxus et ulmus egent teque carere dolent,
Quas olim crebro saciabas ymbre superno,
    Ut sic quæque suo proficeret merito.
Non rex, non primas mundi, non ulla potestas,
    Ut tu, tot lacrimis inferias meruit.
Si redimi posses, nobis non dicior esset
    In dando precio Croesus aut Salomon.

Jam valeas, Hugo, pax et tibi tempore longo!
　Hoc datur extremæ munus amici[ci]æ.
Tali te titulo te carmine dono pusillo,
　Ac respergo tuum floribus his tumulum,
Quos non urat hyemps, non estas torreat ingens;
　Autumno maneant, vere novo vireant.

38　D. Ephrem varia opera.

S. Bafilii regula.

Vita B. Mariæ Ægyptiacæ.

S. Cæfarii Arelatenfis homiliæ.

S. Johannis Yfauriæ Provinciæ Sententia.

Liber de Trinitate.

De S. Salvio Epifcopo Albigenfi.

Septem SS. dormientium in Ephefo gefta. *in membr.*

F. Latin 1714. — Ms. du xi° siècle, venu de l'abbaye de Fécamp,
comme le prouve la note du fol. 158 v° : « Liber Sancte Trini-
« tatis. Si quis furatus fuerit vel abstulerit, pœnas in presenti
« et in futuro, nisi illum restituerit, exsolvat. » — Au fol. 154,
note en caractères du xii° siècle : « Nomina fratrum Novillæ :
« Godefredus, Susanna, Gislebertus, Balduinus, Bertreda, Go-
« defredus, Ivelinus, Amalbertus. »

39　D. Cypriani fragmenta quædam. *in membr.*

F. Latin 1653.

40　D. Hieronymi & Damafi Papæ mutuæ ad invicem
Epiftolæ.

Cafliodori in Difputationem inter Auguftinum &
Hieronymum de animâ Origenis prologus.

D. Hieronymus de duodecim quæftionibus & Teftamenti nominibus.

B

D. Hieronymi ad Pammachium de optimo interpretandi genere liber.

D. Hieronymi Ejufd. liber apologeticus.

—   Id. adverfùs Vigilantium.

—   Id. contra Joannem Hierofolymitanum, & contrà Ruffinum Origenis affertorem.

D. Hieronymi de Origenis lapfu planctus. *in membr*.

F. Latin 1881. — Ms. du xvᵉ siècle, à la fin duquel « Jacques « Laisney, médecin à Chambrois, » a tracé cette note : « J'ap-« porté ce livre de la Gobardière le 27 novembre 1624. « J. LAISNEY. »

41 D. Hieronymus in Job.

D. Gregorius magnus in Job.

Paffio S. Benigni.

Vita S. Mariæ Ægyptiacæ.

—   S. Romani Rothomagenfis Archiepifcopi.

D. Auguftini fermo de lapfu Monachi & Viduæ.

Soliloquia autoris incerti. *in membr*.

F. Latin 1805. — Ce volume est formé de cahiers ayant primitivement fait partie de plusieurs mss. de l'abbaye de Fécamp.

Au fol. 14, lettre de Jean, abbé de Fécamp, à Léon IX, publiée d'après ce même ms. par Dom Martene, *Thesaurus*, I, 207.

Fol. 42. Vie et office de saint Romain, archevêque de Rouen, précédée de la lettre de Gérard à Hugues, archevêque de Rouen (fol. 41 vᵒ), et suivie d'un catalogue des archevêques de Rouen (fol. 45 vᵒ), dont voici les premiers et les derniers mots : « Nomina episcoporum Rotomagensis ecclesiæ. Sanctus Mallonus primus. Avicianus....—.... Franco. Gunhardus. Vuigo. Vuito. » Le tout, en caractères du xıᵉ siècle.

Fol. 46. Commencement d'un sermon sur la vie de saint Taurin.

42 Pammachii & Oceani ad D. Hieronymum Epift.

 D. Hieronymi ad eos Epift.

   —   Ejufd. contrà Ruffinum Epift.

 Ruffini refponfiones.

 Eorumdem opufcula varia.

 D. Hieronymus de principatibus. *in membr*.

F. Latin 1872. — Ms. venu de Fécamp. Au fol. 102 v°, en caractères du xi° siècle, lettre du couvent de Fécamp au roi Guillaume
le Conquérant, publiée, d'après ce ms., par D. Martene,
Thesaurus, I, 198. — Au fol. 103 v°, en caractères du xii° siècle :
« VI idus Martii, obiit Willermus. Fiscannensis monachus,
« pater Johannis de Bernouvilla. — Bernardus Brito. Radulfus
« de Angies. Hugo Berengarii. Rotbertus Loquele. Guarnerius
« de la Hoie. Eleimis uxor ejus. Adelardus. Orielt. »

43 Pafchalis II. Papæ Epift. pro recuperatione terræ fanctæ.

 Guitberti Pfeudo-Papæ Epitaphium.

 Urbani II. Papæ Epitaphium.

 D. Auguftinus in Genefim. *in membr*.

F. Latin 1944. — Venu de Fécamp. Une main du xv° siècle a mis
cette note sur le feuillet qui recouvre aujourd'hui le premier
plat du volume : « Augustinus super Genesim : liber de ecclesia
« Sancte Trinitatis Fiscannensis. »

44 D. Auguftini libri XV. de Trinitate *in membr*.

 F. Latin 2088.

45 D. Auguftinus contrà Julianum Pelagianum.

 D = Leodicenfis Epifcopi Epiftola de Corpore &
 Sanguine Domini. *in membr*.

 F. Latin 2101.

46 D. Auguſtini Epiſtolæ. Idem de Magiſtro, & de Immor-
talitate animæ. *in membr.*

F. Latin 1930. — Venu de Saint-Etienne de Caen. Sur les fol. 3
et 275, on lit, en caractères du xvᵉ siècle : « Iste liber est de
« abbatia Sancti Stephani de Cadomo in Normannia, ordinis
« Sancti Benedicti, Baiocensis diocesis. »

47 D. Auguſtinus contrà Fauſtum.

Homilia incerti autoris de Joanne Bapt.

B. Hilarii Vita edita à Fortunato Probo, hîc amplior
quàm apud Surium & Bollandum. *in membr.*

F. Latin 2079. — Ce volume, qui paraît dater du commencement
du xiiᵉ siècle, a probablement été exécuté dans l'abbaye de
Fécamp. Le copiste a fait connaître son nom par la souscription qui remplit une partie du fol. 172 vᵒ : « Explicit liber
« Aurelii Augustini episcopi sancti contra Faustum Manicheum
« secundum volumen de vita patriarcharum vel figuris pro-
« phetharum. Hunc librum quicumque legeris, Hugonis sui
« scriptoris memento miselli. »

48 D. Auguſtini de Civitate Dei libri XXII. *in membr.*
F. Latin 2055.

49 D. Auguſtini ad Hieronymum, Paulinum, Marcellinum
alioſque amicos, & eorumdem ad ipſum Auguſtinum
Epiſtolæ mutuæ.

D. Auguſtini de Quæſtionum ſolutione, de Reſur-
rectione, de Religionis Chriſtianæ tempore, de Sacri-
ficiorum diſtinctione, de Dei Filio ſecundùm Salo-
monem, de Jonâ Prophetâ, &c.

Bedæ Verſus, & de fine ſæculi poëma.

Abbatis Fifcanienfis Epiftola , & alia quædam Abba-
tiam Fifcanienfem fpeftantia. *in membr.*

F. Latin 1928. — Au fol. 172 v°, en caractères du commencement
du xii° siècle, pièce paraissant venir d'un rouleau mortuaire :

Egregiæ plebi Germani præsulis almi,
Fiscanno positi , morum probitate potiri.
Deflemus socii vehementer funus amici
Fulconis, dampnum satis in commune gemendum.
Non tamen est flendus, digna sed laude colendus,
Martirio celsus, dum constat et ense peremptus.
Pro vero verum meruit contingere Jhesum,
Pro vero passos qui laude beavit alumnos.
Si gemitis, geminus nostro quia fratre caremus;
Si mage gaudetis, et vos gaudere fatemur.
Omnia communi famulantur pondere nobis;
In nostris unum servemus amore tenorem,
Ut prius et sistat dilectio nostra vicissim,
Dicat Amen fratrum communis contib gratum.

Fol. 173. Lettre de Jean, abbé de Fécamp, publiée d'après
ce même ms. par D. Martene, *Thesaurus anecdotorum*, I, 205.

Fol. 173 v°. Instruction sur l'observation de la trêve de Dieu.
« Fratres in 'Domino karissimi, in pace que vulgo dicitur trevia
• Dei....—.... prius sacramentum faciat, calidumque judicii
« ferrum portet. » Publié par Dom Bessin, *Concilia*, I, 39.

Fol. 179 v°. Inventaire du trésor de Saint-Gabriel (Calvados,
arr. de Caen, c°° de Creully) :

Hæc habentur in thesauro Sancti Gabrielis.

Tres cappæ de pallio et duæ de fustanio.

Quattuor palliola.

Novem albæ paratæ pallio , et decima abbatis Vitalis cum
auro et stola et manipulo et palla altaris et casula de pallio.

Octo aliæ albæ disparatæ.

Extra numerum albarum sunt tres amicti parati pallio.

Tres casulæ, una de pallio, alia de fustanio, tercia de lineo panno.

Quattuor stolæ de pallio cum fanonibus. Quinta stola de fustanio.

Dalmatica una.

Tunica una.

Calix argenteus deauratus.

Quinque paria corporalium.

Septem philacteria argentea,

Bursa brosdata cum reliquiis,

Philacterium unum stagneum.

Crux argentea deaurata cum lapidibu s. Alia de cupro deaurata.

Duo lanei panni.

Viginti et una pallæ altaris.

Octo vexilla cum quinque schillis.

Duo brachia lignea.

Tria feretra.

Thuribulum argenteum.

Duo paria candelabrorum.

Quinque cortinæ.

Tres missales.

Collectarium unum.

Antiphonarium unum.

Gradalis unus novus, et alter vetus.

Troparii duo.

Liber grandis de diversis expositionibus.

Liber quadraginta omeliarum.

Pars dialogi in quaternionibus.

Gregorius super Ezechielem.

Registrum Gregorii.

Psalterium magnum cum manuali.

Liber Juliani Pomerii.

Breviarium in duobus voluminibus.

Kalendarium novum.

Antiphonarium unum apud Sanctum Remigium.

Fol. 180. Catalogue de la bibliothèque de Fécamp, au XII° siècle; publié d'après ce ms. dans ma *Notice sur Orderic Vital*, p. XII.

50 D. Auguſtinus de doctrinâ Chriſtianâ, de diſciplinâ Chriſt. de decem Chordis, de adulterinis Conjugiis, exhortatio ad chariſſimum quemdam Comitem, de immortalit. animæ, de animæ quantitate, de mendacio, de prædeſtinat. SS. de bono perſeverantiæ, de curâ pro mortuis gerendâ. *in membr.*

F. Latin 1959. — A la fin (fol. 171 v°), en caractères de la seconde moitié du XI° siècle :

Noticia facta ab abbate Johanne et sua congregatione de Fiscanno cum quodam milite, nomine Rannulfo, filio condam Conani, posteris recitanda. Adiit igitur presentiam nostram predictus Rannulfus, deprecando quatinus concederemus ei quendam hominem, nomine Stabilem, donec adviveret, in villa que dicitur Amblida; post decessum vero ejus, reveniret predictus Stabilis in dominicatura abbatis et fratrum. Et hoc publice factum est in Fiscanno, insuper adibitis idoneis testibus, videlicet Richardo vicecomite de Ilia Bona, Rotberto de Fiscanno, Ingelranno de Albamarla, Theoderico del Maisnil, Audoeno famulo, Juino famulo, Ricardo coco, et aliis quam pluribus.

51 D. Auguſtini homiliæ X. in Joannis Epiſtolam.

Autoris incerti Miraculum, quod contigit in Pafchæ fefto anni 1057.

D. Auguftini conciones III. de S. Laurentio.

Paffio five martyrium B. Catharinæ Virginis.

Bedæ libri III. in quibus univerfa Tabernaculi, Vaforum, Veftimentor. Sacerdotalium expofitio continetur Legis mofaïcæ. *in membr.*

F. Latin 1970.

52 D. Profper de Vitâ a&ivâ & contemplativâ.

D. Auguftinus de bono conjugali, & de Virginitate. *in membr.*

F. Latin 2150.

53 D. Ifidorus Hifpalenfis de diverfis Virtutibus feu Sententiarum liber.

D. Auguftinus de XII. abufivis *in membr.*

F. Latin 2331.

54 Joan. Caffiani Prefbyteri collationes SS. Patrum. 2 vol. *in membr.*

F. Latin 2136. — Vient de Saint-Wandrille, comme le prouve la note inscrite au fol. 172 v° : « Liber Sancti Wandregisili. « Quicumque eum furaverit aut eum austulerit, dapnetur cum « impiis. Amen. Amen. Fiat. Fiat. » — Le copiste de ce volume a terminé son travail par les six vers suivants :

Agrorum cultor ceu corde resultat arator,
Post sata finetenus terrarum jugera lætus,
Sic scriptor, scripti perspecto fine libelli,
Gaudet et exultat, Dominum de pectore laudat.
Abbatis jussu Gerardi nam liber est hic
Scriptus ab Algrimo monachili veste togato.

Gérard, abbé de Saint-Wandrille, mourut en 1031 : le ms. latin 2136 nous offre donc un exemple authentique du genre d'écriture employé par les copistes normands du premier tiers du xiᵉ siècle.

Le second des mss. portés au Catalogue de Bigot sous le nᵒ 54 est aujourd'hui le ms. latin 2137.

55 D. Gregorii Magni Moralia in Job, cum ejufdem Epift. nuncupatoriâ ad Leandrum fratrem Coëpifcopum. *in membr.*

F. Latin 2218. — Au fol. 239, on lit : « Iste liber est monasterii « Sancti Petri de Conchis, Ebroicensis diocesis, quem recepi « mutuo ego N. de Danvilla anno Domini M· CCC· XL·· primo, « in festo sancti Augustini. »

56 D. Gregorii Homiliæ XL. in Evangelia.

—   De Mortalitate Sermo.

Concilium Romanum fub eodem D. Gregorio, cum fubfcriptionibus Epifcoporum & Cleri Romani, *unde nomina plurium Epifcoporum confirmantur, ad quos idem D. Gregorius fcribit,* ex annot. D. Joan. Bigotii huic codici præfixâ. *in membr.*

F. Latin 2253.

57 D. Gregorii Magni Dialogi de Miraculis Patrum Italorum. *in membr.*

F. Latin 2287.

58 Bedæ Lectiones in Pentateuchum, *variæ lectionis quàm in editione Colonienfi.*

Anonymi expofitiones in varios Evangeliorum locos.

—   Tract. de profeffionibus Monachorum & Abbatum.

C

Anonymus de Ecclefiis & Decimis Monachorum.

    — de Sacramentis & minifteriis veteris & novi Teftamenti.

Anonymus diverfæ Sententiæ & auctoritates, & moralia.

Anonymus de Libertatibus Ecclefiæ Beccenfis.

    — Tranflatio & miracula S. Honorinæ Virg. & Martyris.

Epiftola Prefbyteri Joannis ad Manuelem Imp. CP. *in membr.*

F. Latin 2342. — Ce volume a été exécuté dans l'abbaye du Bec par un moine qui a mis en tête (fol. 1 vᵒ) la liste de ses propres ouvrages :

Hæc sunt quæ ille qui hunc librum scripsit proprio labore composuit.

1. Super evangelium : Intravit Jhesus in quodam *(sic)* castellum duos tractatus.

2. Super evangelium : Missus est Angelus Gabrihel a Deo, sex tractatus, e quibus primus est de angelis, deinde qua causa, qua necessitate, qua ratione Deus sit dignatus fieri homo. In secundo qualiter hoc mirificum opus, quamvis sit ineffabile, actum sit, secundum quod Lucas evangelista narrat. Tertius continet quantum valuerit mors istius hominis humano generi pluraque alia, id est de fide christiana et de sacramento corporis et sanguinis Domini, quod multis auctoritatibus affirmat. Quartus quantum valeat hoc misterium et quam sit mirabile et quomodo sit ad eum accedendum, et multa alia utilia. Quintus quanto honore sint habendi qui hoc tractant et de baptismo et de aliis sacramentis ecclesiæ. Sextus de ligatione et solutione pastorum et cum quali cautela et provisione

necnon cum quanto timore hæc et cetera debeant officiari. ‘

3. Super evangelium : Exiit edictum a Cesare Augusto septem tractatus, e quibus primus continet ab exordio mundi usque ad formationem hominis. Secundus ab hominis formatione usque ad ejus ejectionem de paradyso. Tertius continet duas ætates, ab Adam usque ad Noe, et a Noe usque ad Abraham. Quartus ab Abraham usque ad Moysen. Quintus a Moyso usque ad David. Sextus a David usque ad Christum. Septimus evangelium quod narrat istoriam nativitatis Christi.   ;

4. Super evangelium : Homo quidam peregre proficiens unum tractatum causa beatissimi Nicholai.

5. Quoddam scriptum de miraculis et virtutibus ejusdem gloriosissimi confessoris Nicholai.

6. Unum tractatum de professionibus monachorum.

7. Item aliud de professionibus abbatum.

8. Item alind de injussionibus abbatum.

9. Item aliud de ecclesiis et decimis monachorum.   ·

10. Unum scriptum prolixum contra verba cujusdam, in quo contra dogma illius posuit centum L auctoritates de diversis doctoribus collectas.

11. Item aliud scriptum de sacramentis et misteriis veteris et novi Testamenti, quod divisit in quinque tractatus.

12. Item aliud scriptum multum prolixum de diversis sententiis et auctoritatibus, quod divisit in septem partes, quarum pars prima continet LX capitula; secunda centum et novem; tercia centum XXXᵗᵃ; quarta LXXX; quinta centum XXIIIIᵒʳ; sexta LXXXVII; septima CCC capitula. Super hec ducenta et LX quæ non sunt capitulata.   ·

13. De libris Moralium quedam brevissima capitula numero LXXXVI.

14. Item aliud scriptum de libertate Beccensis ecclesiæ.

15. Item aliud scriptum de translationibus et miraculis beatissimæ Honorinæ virginis et martiris.

De ces quinze opuscules, le premier se trouve dans le ms. 2342, au fol. 163; le second, au fol. 29; le troisième, au fol. 96 v°; le sixième, au fol. 146 v°; le septième, au fol. 159; le treizième, au fol. 184; le quatorzième, au fol. 185 v°. Ce quatorzième traité, si important pour l'histoire ancienne de l'abbaye du Bec, a été publié par Mabillon, dans *Annales ordinis Sancti Benedicti*, V, 635-640. Les auteurs de l'*Histoire littéraire de la France* (XII, 335-344) ont insuffisamment analysé les traités contenus dans le ms. 2342. Ils n'ont fait aucune observation sur les ouvrages que notre anonyme déclare avoir composés, l'un en l'honneur de saint Nicolas, l'autre en l'honneur de sainte Honorine. Le premier me semble être celui que contient un ms. de la bibliothèque d'Évreux; le second, que le rédacteur de la *Bibliotheca Bigotiana* croyait à tort se trouver dans le ms. 2342, nous est fourni par le ms. latin 13774, jadis de Saint-Germain.

59 Rabani Mauri libri II. de Cruce Chrifti. *cum figuris.* Publii Lilii Optatiani Porphirii Panegyricus, in quo aliæ continentur figuræ. *in membr.*

F. Latin 2421.

60 Rabani Mauri expofitio in librum Judith. *in membr.*

F. Latin 2432.

61 Pafchafii Radberti in Evang. Matthæi libb. V. VI. VII. & VIII.

D. Hilarii epift. ad Apram filiam.

Epiftolæ duæ Latinæ, & alia Italica. *in membr.*

F. Latin 2403. — Vient de l'abbaye de Fécamp. — Au fol. 163, cérémonial d'une épreuve judiciaire, morceau très important pour les passages français qu'il contient et dont la transcription doit appartenir au commencement du xii° siècle. Je l'ai publié en 1857 dans la *Bibliothèque de l'École des Charles*, 4° série, III, 253. — Au fol. 165, lettre de Maurile, archevêque de Rouen, et de Jean, abbé de Fécamp, publiée, d'après ce même ms., par D. Martene, *Thesaurus*, I, 206, et dans *Bibliothèque de l'École des Charles*, 4° série, III, 255.

62 Eufebii Emifeni homiliæ.

    D. Auguftini homiliæ plures.

    Girberti Abbatis fcriptura de miraculo S. Crucis.

    D. Macharii Romani Eremitæ vita.

    D. Simeonis Monachi vita.

    D. Benedicti epift. de Monafterio Caffinenfi, ad Imp. Carolum.

    D. Hieronymi refcriptum.

    Verfus Latini de Euchariftiâ. *in memb.*

F. Latin 2628. — Vient de l'abbaye de Fécamp. Le dernier feuillet, qui est fort mutilé, contenait une lettre écrite par Richard Cœur de Lion le 6 décembre 1195, à l'abbé de Fécamp, pour lui demander de garantir l'observation d'un traité conclu avec Philippe-Auguste. J'ai publié les passages qui en subsistent dans le *Catalogue des Actes de Philippe-Auguste*, p. 501, n° 462.

63 Hugo à S. Victore de tribus diebus, de tribus filentiis, de arcâ Noë, de inftitutione Novitiorum *in membr.*

    F. Latin 2531.

64 Hieronymus de Hangeft in IV. Sententiarum.

    F. Latin 3078.

65 Maldonatus in IV. Sententiarum.

    F. Latin 3083. — « Ex libris Jacobi Gallemant. »

66 De diverſis hæreſibus circâ Sacramenta fidei.

>F. Latin 3873. — « Jo. Degyvés, 1648. »

67 Manuale curatorum.

>D. Gregorii Magni Paſtoralis liber. *in membr.*

>F. Latin 3190. — Vient de de Mesmes, et non pas de Bigot.

68 Traitez Theologiques, ſçavoir des Command. de Dieu,
des articles de la Foy, des dons du Saint Eſprit, &c.
compoſez par un Jacobin de Paris en 1277, & tranſcrits
en 1327, *in membr.*

>F. Français 939. — « Ex libris Antonii de Lamare M VIᶜ XXX,
— qui dono dedit Johanni Bigot, domino de Sommesnil, in
curia subsidiorum Consil. Anno 1638, 19 mensis Februari. »
— An commencement du volume sont gravées des armes que
le possesseur du ms., Antoine de Lamare, décrit comme il
suit : « Il porte d'azur à la croix d'or cantonnée au 1 d'une
« licorne contournée d'argent, au 2 à l'aigle esployé d'or, becqué
« et membré de gueules, au 3 et 4 à deux lyons affrontez ou
« contre-rampants d'or, armez et lampassez de gueules, les
« queues passées en sautoir, qui est de Lamare; — Parti et
« escartelé au 1 et dernier d'azur à trois lyons naissants d'or,
« les queues passées en sautoir à la bordure engreslée de
« gueules, qui est Le Clerc sieur de Croisset, au 2 et 3 de si-
« nople, à la fleur de lys d'or, qui est de Clercy, et sur le tout
« de gueules à la fleur de lys d'or, qui est d'Herbouville.
« Supports: deux licornes d'argent. Cimier : une licorne nais-
« sante de mesme. »

>A la fin du volume (fol. 110), cette souscription : « Scriptum fuit
« hoc volumen libri en l'an de grace mil IIIᶜ XXVII pro quodem
« (*sic*) honestissimo viro de villa Rothomagensi. Anima cujus
« in pace requiescat. » Une main du xviiᵉ siècle a ajouté cette
note, dont l'exactitude est fort contestable : « Ce livre fut faict

« soubs le règne de Philippes III, dict le Hardy, fils de sainct
» Louys, et appartenoit à un des predecesseurs du sieur de
« Croisset, nommé Roger Le Clerc, grenetier de Rouen, lequel
« le fit transcrire l'an 1327, et ses armes estoient au commen-
« cement, sçavoir d'azur à trois lyons naissants d'or à la bor-
« dure engreslée de gueules, mais estant deschirées en partie
» et presque effacées, on ne les a peu mettre lors qu'on a
« faict relier ce volume l'an 1630. »

69 Joannis Lectoris fumma Confefforum, cum ftatutis ejufdem fummæ, ex fexto Decretalium. *in membr.*
F. Latin 3261.

70 Joannis de Albâ Villâ Summa.
Autoris incerti in Evang. Dominicalia loci communes.
in membr.
F. Latin 2518.

71 Antonii Archiep. Florentini fumma Confeffionum, feu
Interrogatorium pro fimplicibus Confefforibus.
F. Latin 3265.

72 Guid. de Monte Rocherii manipulus Curatorum. *in membr.*
F. Latin 3192. — Ce volume avait été donné en 1444 par
« Magister..... Gehe, sacre theologie professor eximius. » —
En 1579, il appartenait à Jean Moulin, de Héauville.

72* Smaragdi Diadema Monachorum.
Vitæ SS. Patrum Eremitarum.
Severi liber.
Ifidorus de fummo bono & de Virtutibus.
D. Auguftinus in duodecim hujus fæculi abufus.
Vita S. Pelagiæ. *in membr.*
F. Latin 3330. — De l'abbaye de Fécamp.

73 Sermons ou Conſiderations pour toutes les Fêtes de l'année.

F. Français 1054.

74 Obſervations Davidiques de François d'Eudemare, contenant la difference de la premiere verſion Lat. des Pſeaumes avec les ſuivantes.

F. Français 470. — Voici le titre que l'auteur a mis de sa main en tête de l'ouvrage : « Observations davidiques declarans aux « psalmes de l'office du sainct dimanche la difference qu'il y a, « de la première et commune version latine, avec les suyvantes « versions tournées et traduites d'hébreu. » Une autre main a ajouté : « par François d'Eudemare, chanoine à Rouen; il vivoit « l'an 1634. »

75 Declaration de la Verité contenue aux Pſeaumes, contre Clement Marot & Theod. de Beze, par le même.

F. Français 471. — Titre textuel de l'ouvrage : « Declaration de « la vérité concernant la parole de Dieu leue aux psalmes du roy « David, faussement representée aux rithmes françoises de Cle- « ment Marot et Theodore de Beze, reſutées par Fr. d'Eudemare, « prebtre, et chanoine en l'eglise Nostre Dame de Rouen. » Une autre main a ajouté : « Le dit sieur d'Eudemare est decedé en « cette ville de Rouen 1634. » — Sur les ouvrages de François d'Eudemare, voyez Frère, *Manuel du Bibliographe normand*, I, 440.

76 De Officio pii ac publicæ tranquillitatis amantis viri, in Religionis diſſidio.

F. Latin 3383.

77 Maſſora magna, Hebraïcè. *in membr*.

F. Hébreu 148.

78 Mahommedeïs, Arabicè & Turcicè, continens vitam Mahometis & Prophetarum, J. C. & Joannis, &c.

F. Turc 238.

JURIDICI, *in folio.*

79 Yvonis Carnotenſis Decreta.

Joannis preſbyteri Epiſtola ad Emanuel. CP. Imp. cohortatoria ut ad ſuas partes veniat. *in membr.*

F. Latin 3858 A. — Beau ms. du XIIe siècle, dont le copiste s'est fait connaître par cette souscription et par cette pièce de vers :

Deus propicius esto michi Willermo peccatori.
Ecclesiæ quæcunque nocent quæcunque molestant
Egregie decreta docent, simul et manifestant.
Eximii scriptor operis laudandus in isto
Abbinii Willermus eris post judice Christo.
Bona geres tunc pace fruens cum premia regni
Jam referes promissa, cluens in luce perenni.

80 Yvo Carnotenſis de geſtis Regum quorundam, & omnium Impp. Roman. & ad ultimum de Carolo magno Rege Francorum, & ejus filio Ludovico pio. *in membr.*

F. Latin 4890.

81 Gratiani Decretum, cum apoſtillis incerti autoris. *in membr.*

F. Latin 3886 A.

82 Innocentii III. Decretalium Colectiones IV. *cum ſynopſi & annot. D. Joan. Bigotii hunc Codicem & ſequentem ſpectantibus, in capite præfixis.* in membr.

F. Latin 3929.

D

83 Innocentii III. Decretalium Collectio III. cum gloffis
Tancreti Canonici Bononienfis. *in membr.*
F. Latin 3927.

84 Innocentii IV. Decretorum libri V. *in membr.*
F. Latin 3990 A. — A la fin, en caractères du xvᵉ siècle : « Iste
« liber est N. de Villaribus, monachi infirmarii ac officialis
« monasterii Fiscampnensis. »

85 Decretalium liber VI. *in membr.*
F. Latin 4050.

86 Decreta, *feu* Epiftolæ Decretales fummorum Pontificum
à Clemente ufque ad Nicolaum III. *in membr.*
F. Latin 3856.

87 Decreti Cafus. *in membr.*
F. Latin 3901.

88 Decretalium Cafus per Bernardum Gloffatorem expofiti.
Bartholomæi Brixienfis Quæftiones.
Donationes Blefenfium Comitum, ab anno 1198.
ufque ad annum 1229.
Petri de Sampfone Summa. *in membr.*
F. Latin 3972.

89 De Ecclefiæ gradibus, de Regibus, mundo & terrâ.
Paphnutius de remiffionibus peccatorum.
Virtutes quas Dominus omni die fecit.
De difciplinâ Ecclefiaft. ex variis Concilior. canonibus
& PP. Sententiis.
Excerpta è libris Francorum & Romanorum.
Canones Adomnani.
Judicia Theodori Græci Saxonum Epifcopi.

Canones aliquot Ancyrani Concilii I.

Inftitutio Ecclefiaft. auctoritatis profitenda per pro-
movendos ad Ordines.

Canones Apoftolorum.

— Concilii Nycæni I.

Concilium I. Ancyranum.

    — Neocæfarienfe.

    — Gangrenfe.

    — Antiochenum.

    — Laodicenum.

Epitome Concilii Conftantinop.

Concilium Chalcedonenfe.

    — Sardicenfe.

Codex Canon. Ecclefiæ Afric.

Decreta Syricii, Innocentii I. Zozymi, Cœleftini I.
Leonis I. Hilarii, Simplicii, Anaftafii & Hormifdæ.

Refponfa D. Gregorii Papæ miffa in Saxoniam ad
Auguftinum Epifcopum.

Refponfa Ejufdem ad Etherium Epifcop. Lugdunenf.
& ad Brunechildem Reginam.

Canones Pœnitentiales, ex variis.

Synodus Aquilonalis Britanniæ.

Capitula Theodulphi Aurelianenfis Epifcopi.

Lex Salica.

Decreta Gelafii Papæ de Conftitut. Ecclefiaft. pro tempore moderandis. *in membr.*

F. Latin 3182.

90 Regula Canonica, *feu* Fragmentum Concilii Aquifgra-
nenfis.

Chrodogangi Epifcopi Metenfis expofitio in Regulam
Canonicam.

Concilium Epifcoporum & Abbatum anno 817. de
ftatu Monachorum.

Bonifacii Archiep. Epiftola.

Leonis Epifcopi Turpio Epifc. Epiftola.

Expofitio fuper *Pater nofter* & *Credo in Deum.* in
membr.

F. Latin 1535.

91 De bonis Ecclefiæ non tradendis ad mandatum Principis,
nec Militibus erogandis ut pugnent, incerto autore.

F. Latin 3200.

92 Dominici de S. Geminiano Repertorium.

F. Latin 4138.

93 Gaufredi fumma in Decretales, cum indicibus Librorum
& Capitulorum. *in membr.*

F. Latin 3980.

94 Le Prelat dans les Armées, ou Traité des Obligations
des Ecclefiaftiques de porter les armes.

F. Français 5177.

95 Smaragdi in D. Benedicti Regulam expofitio. *in membr.*

F. Latin 4210.

95*Codex Epiftolarum de ftudiis Novitiorum circà Stilum
quem Ecclefia Romana fervat in omnibus, incerti autoris.

Nicolai Trevet Chronicon de hiftoriâ VI. Regum Angliæ.

Conftitutiones Benedictinæ ad Monachos nigros factæ
per Benedictum XII. Papam anno 1335. *in membr.*

F. Latin 4167 A. — A la fin, en caractères du xiv° siècle, note
attestant que le volume appartenait à l'abbaye de Glastonbury
en Angleterre : « Liber monasterii Glastoniensis, de perquisito
« fratris Johannis Crosse prioris. »

96 Ordonnances & Statuts de la Confrairie des Arquebu-
ziers de Rouen l'an 1524. avec les noms des Confreres
jufqu'en 1552. *in membr.*

F. Français 5340. — L'inscription des associés à la confrérie
a été continuée jusqu'en 1557 au moins. Le titre complet des
statuts est ainsi conçu : « Ensuyvent les ordonnances et status
« d'une associacion faicte et ordonné par les hacbutiers de
« ceste ville et banlyeue de Rouen en l'honneur et reverence
« de Dieu, de la glorieuse vierge Marie, de toute la court de
« paradis et de madame saincte Barbe fondée en l'ospital de
« ceste dicte ville de Rouen eu temps de Guillemine Febvrier,
« cappitaine en l'an de grace mil cinq cens vingt quatre. »

97 Codex Theodofianus, cum Sententiis Julii Pauli &
Gregoriani. *in membr.*

F. Latin 4413. — Ce volume vient de de Mesmes et non de
Bigot. A la fin du volume, qui est palimpseste, on lit cette
souscription, d'où l'on doit conclure que le ms. a été exécuté
vers l'année 834, dans le monastère des Deux-Jumeaux, au
diocèse de Bayeux : « Ego Ragenardus clericus, Esau rogante,
« hunc librum scripsi sub tempore Chludouvico imperatore,
« anno XVIIII imperii sui et sub tempore Erimberto urbis
« Baiocas episcopo,...... Duos Gemellis abbate, et hujus

« provintie..... comite........ fuit tunc tempore puberlatis
« predicto Esau. »

98 Codex Theodofianus ; *accefferunt* Canones Aurelia-
nenfes fecundi, & alii diverfi, cum fubfcriptionibus.
in membr.

> F. Latin 4414. — Ce manuscrit vient aussi de de Mesmes et
> non de Bigot.

99 Codicis Juftiniani libri IX. cum gloffis incerti autoris.
in membr.

> F. Latin 4535.

100 Codicis Juftiniani libri IX. cum fimplici Commento.
in membr.

> F. Latin 4560.

101 Inftitutiones Juftiniani, cum gloffis incerti autoris. *in
membr.*

> F. Latin 4435.

102 Cujacius in IV. Codicis.

Ejufd. Orat. & Epift. variæ.

Mich. Hofpitalii poëma Latinum.

Rabotii & Gilberti defcriptio Gratianopoleos & Gra-
tianopolitanor.

Cujacii Bibliothecæ omnium Græcorum & Latinor.
librorum catalogus.

Roaldi librorum catalogus.

Defcription de la ville de Valence. *Hæc omnia col-
lecta & fcripta fuerunt per eundem Roaldum.*

> F. Latin 4552. — Vers la fin du volume, on lit cette note .
> « Jacobus Cujacius, in Valentina academia juris doctor, Ha-

« driano Ballue Rothomagensi rectoratum ineunte in prælec-
« tione publica. Anno 1572, quinto idus Decembris. »

102* Coutumier ancien de Normandie.

> F. Français 5338. — Ce volume, qui vient de de Mesmes,
> et non pas de Bigot, est une copie du texte français de
> la Coutume de Normandie, suivie (fol. 91) des « Ordon-
> « nances des eauez et forestz du roy nostre sire faictes à
> « Vernon. »

103 Guillelmi Guerpel expofitio fuper confuetudine Duca-
tûs Normanniæ, partim Lat. partim Gallicè.

> F. Français 5331. — En tête du volume est cette dédicace :
> « Ad nobillem ac generosum virum dominum dominum Ja-
> « cobum des Buatz, vicecomitem Falesiensem, in patria seu
> « ducatu Normannie, Guillermus Guerpel, scutifer, de domo
> « nobili des Loges prope Oximas, dicto vicecomiti, ejus con-
> « sanguineo, salutem P. D. »

104 Comment. de Guill. Terrien fur la Coutume de Normandie. *Original de la main de l'Auteur.*

> F. Français 5334.

105 Coutumier de Normandie. *in membr.*

> F. Français 5336. — Cette copie du texte français de la Cou-
> tume de Normandie, exécutée au xv° siècle, est précédée d'un
> calendrier à l'usage du diocèse de Coutances, et suivie de la
> confirmation de la charte normande par Philippe de Valois en
> 1339 (fol. 113 v°), de l'ordonnance pour l'abolition des duels
> judiciaires (fol. 122 v°), des droits d'Oléron (fol. 124) et d'un
> fragment d'ordonnance pour des réformes de procédure.

106 Confuetudo Normanniæ, *feu* fumma de Legibus in
Curiâ Laïcali.

Concilium contrà Clericos mercatores, habitum anno 1267. apud Pontem Audomari.

Requifitio Archiep. Rotomag. & Epifcopor. Normanniæ facta Philippo Augufto.

Quomodo Domini capere poffunt in manu fuâ terras quæ de iis tenentur, ob defectum Redevantiarum, ex Scacario Cadomenfi anni 1257.

Scacaria ab anno 1207. & alia judicata.

Libertates Normanicæ Henrici II. Ducis & Regis Angliæ.

Arrefta communia de Scacario Pafchæ anni 1276.

La Charte aux Normans, ann. 1314.

Ordonnances depuis l'an 1230, et finiffant par la paix entre Louis Roy de France & le Roy d'Angleterre.

Statuta de Feodalibus Tenementis.

Conftitutio Regis Guillelmi apud Infulambonam anno 1080.

Chartæ diverfæ, & variæ Conftitutiones.

Regiftrum Regis Philippi de Feodis.

Noms des Parroiffes des Vicomtez & Sergenteries du Baillage de Caen. *in membr*.

F. Latin 4651. — Voici l'indication exacte des morceaux contenus dans le ms. 4651, l'un des plus précieux qui nous soient parvenus sur l'ancien droit normand, puisqu'il a été exécuté vers la fin du xiiiᵉ siècle.

Fol. 1. Table des divisions de la Coutume de Normandie.

Fol. 5. Texte latin de la Coutume, avec cette rubrique : « Hic incipit summa de legibus in curia laicali. » Sur les marges on a ajouté, en note, quelques jugements de l'Echiquier, du xiiie siècle, et d'autres pièces, comme une ordonnance de Philippe-le-Bel, en 1293, pour obliger les écuyers âgés de vingt-quatre ans à se faire recevoir chevaliers (fol. 13 v°).

Fol. 47 v°. Canons du concile de Pont-Audemer, en 1267, contre les clercs marchands.

Fol. 48. Lettre des évêques de Normandie sur les patronages (n° 1049 du *Catalogue des actes de Philippe-Auguste*).

Fol. 48. Ordonnance de l'Echiquier de Pâques 1257 (n° 796 de mes *Jugements de l'Echiquier au xiiie siècle*).

Fol. 49. Deuxième compilation des jugements de l'Echiquier, de 1207 à 1235.

Fol. 55. Déclaration des droits du clergé en Normandie, 13 novembre 1205 (n° 961 du *Catalogue des actes de Philippe-Auguste*).

Fol. 55 v°. Compilation des jugements des assises de Caen et autres lieux à partir de 1231.

Fol. 61 v°. Grande charte de Henri II pour les libertés de la Normandie.

Fol. 64. Recueil de jugements de l'Echiquier sous Philippe-le-Hardi et Philippe-le-Bel, à partir de 1276.

Fol. 67. Ordonnance du Parlement, de la semaine après la Toussaint 1291.

Fol. 68 v°. Charte normande de Louis X. Elle a été ajoutée après coup dans le ms.

Fol. 71. Ordonnances diverses de saint Louis, en latin et en français.

Fol. 76 v°. Recueil d'actes de Philippe-Auguste et autres, que j'ai désigné sous le titre de Registre G de Philippe-Auguste; ce recueil dérive du registre F (aujourd'hui ms. latin 9778 de la Bibliothèque nationale).

E

Fol. 95 v°. Registre des fiefs de Normandie au temps de Philippe-Auguste.

Fol. 120. Nomenclature des paroisses du bailliage de Caen, rangées par vicomtés et par sergenteries. Cette pièce a été ajoutée après coup, vers le commencement du xive siècle.

107 Conftitutio Philippi Franc. Regis & Burgundiæ Ducis de Normannorum Feudis, ab anno 1210.

Statuta Scacarii Normanniæ, ab anno 1207. ad ann. 1284.

F. Latin 4653 A. — Ce volume, écrit sur papier au xvie siècle, renferme les morceaux suivants, qui se trouvent déjà dans le ms. 4651, dont la description vient d'être donnée.

Page 3. Registre G. de Philippe-Auguste.

Page 109. Registre des fiefs de Normandie au temps de Philippe-Auguste.

Page 239. Deuxième compilation des jugements de l'Echiquier, précédée de l'ordonnance de l'Echiquier de Pâques 1257.

Page 276. Déclaration des droits du clergé en Normandie, 1205.

Page 278. Compilation des jugements des assises, depuis 1234.

Page 287. Jugements de l'Echiquier sous Philippe-le-Hardi et Philippe-le-Bel.

Page 300. Etablissement de saint Louis, relatif aux Juifs, en 1230.

108 Compte rendu en l'an 1474. de la recette des Francs-Fiefs, nouveaux Acquets & Annobliffemens faits fuivant la Commiffion du Roy de l'an 1470. pour

le Baillage de Caux, avec l'extrait de la Cour des
Aydes figné & approuvé. *in membr.*

F. Français 4481.

109 Eleftions & Parroiffes de Normandie.

F. Français 4620. — Ce dénombrement des paroisses des différentes élections de Normandie est du xvii° siècle.

110 Affiette de quarante mille livres fur l'Eleftion de
Rouen, avec le compte rendu en la Chambre des
Comptes de Paris en 1416. *in membr.*

F. Français 4498.

111 Recueil d'Ordonnances, Aveus, Dénombremens, &c.,
concernant les Fiefs, Terres & Forefts de Normandie, avec une piece fur le Droit de Tiers &
Danger.

F. Français 5341. — Ce volume, écrit sur papier, au xv° siècle,
est en grande partie rempli de modèles d'actes normands,
dont beaucoup se rapportent aux familles Flambard et
Mustel, de la Haute-Normandie. — Au fol. 7, coutumes
de la forêt de Rouvray. — Au fol. 139 v°, une main du
xvi° siècle a copié une chanson normande dont voici le premier couplet :

> La belle hostesse est bien jouieuse
> De son mary, ce dit on :
> Il s'en est allé à Loraine,
> A l'abrit à bon buisson,
> En cherchant force bone laigne,
> Des loquez tout environ,
> Pour faire toille et bellinge,
> Quant il vendra en sa maison.

112 Compte de la Recette & Dépenſe faite par Arnoul
Boucher Tréſorier des Guerres depuis l'an 1390.
juſqu'en 1392. *in membr.*

F. Français 4482.

113 — — faite par Pierre Sureau Receveur des Finances
de Normandie en 1423. *in membr.*

F. Français 4485. — Ce compte et ceux qui suivent (n. 114
et 119) ont été savamment analysés par M. Charles de Beau-
repaire dans le t. XXIV des *Mémoires de la Sociélé des Anti-
quaires de Normandie*, sous ce titre : « De l'administration
de la Normandie sous la domination anglaise aux années
1424 , 1425 et 1429.

114 — — par le même l'an 1428. *in memb.*

F. Français 4488.

115 — des Revenus de l'Archev. de Rouen en 1531. avec
l'arrêté d'icelui ſigné de M. d'Amboiſe Archevêque.
in membr.

F. Français 4492.

116 — de la Recette d'Evreux en 1545. *in membr.*

F. Français 4497.

117 — de la Recette du Duché de Longueville en 1512.
in membr.

F. Français 4494.

118 — de la Recette de la Baronnie de Sainte Suzanne en
1543. avec la clôture d'icelui. *in membr.*

F. Français 4496. — Ce compte se rapporte à la baronnie de
Sainte-Suzanne , dans le Maine.

119 Journal de la dépenfe faite par Pierre Sureau Receveur des Finances de Nomandie en 1424.

F. Français 4491.

120 Regiftre pour le grand Pied Fourché de Rouen en 1660.

F. Français 5349.

121 Avertiffement aux Commiffaires pour la reformation des Eaux & Forefts de Normandie, par Jean Bodin.

F. Français 5347.

122 Compte de la recette & dépenfe du College des Clementins fondé en l'Eglife de Rouen, en 1527.

F. Français 5345.

123 Recueil de divers Arrefts du Parlement de Normandie, environ de l'année 1519.

F. Français 5343.

124 Arrefta Parlamenti Parif. ab anno 1258. contrà Robertum de Artefiis, cum falfis litteris quibus ipfe ufus fuit anno 1330.

Variæ Bullæ Paparum, & Chartæ Regum Francorum.

F. Français 5259. — Ce volume est une compilation d'ordonnances royales et d'autres pièces, formée sous le règne de Louis XI; c'est à peu près le double du volume 135 de Dupuy, que j'ai mis à contribution pour restituer le volume perdu des *Olim*.

125 Regiftre des Grands-Jours de Bayeux en 1539. *in membr*.

F. Français 4499.

126 Teftamens faits en faveur de l'Eglife de S. André de
. Rouen, depuis 1535.
F. Français 5346.

127 Recueil de Contrats concernant l'Abbaye de Cerify,
depuis 1274. jufqu'en 1480.
F. Français 5970. — Volume de 29 feuillets, écrit au xvᵉ siècle,
et ne renfermant que des actes peu importants.

128 Lex Salica, anno 768. juffu Caroli Francor. Regis
confcripta.
Concilium Galliæ anni 818.
Tituli Legum Novellarum.
Julii Pauli Sententiæ.
Codex Theodofianus.
Gundobadi Regis Burgundionum Leges.
Hymnus B. Vincentio martyri. *in membr*.
F. Latin 4626.

129 Recueil de diverfes Confultations faites au Parlement
de Normandie, par M. Caillot.
F. Français 5348.

130. Dictionarium juris Civilis & Canon. incerti autoris.
F. Latin 4611. — A la fin, en caractères du xvıᵉ siècle : « Ce
livre est à maistre Noel Bigot, prebtre, demourant à Saint
Laurens de Rouen. »

PHILOSOPHI, *in folio.*

131 Ariſtotelis Organum, Gr. cum Scholiis Gr. *in membr.*
   F. Grec 1971. — Ce vol. vient des De Mesmes, et non pas des Bigot.

131* Xenophontis Oeconomica, Græcè.
   F. Grec 1647. — Vient aussi des De Mesmes.

132 Senecæ de Clementiâ liber, & Epiſtolæ ad Lucilium. *in membr.*
   F. Latin 6378.

133 Ludovicus de Angulo de figurâ, *ſeu* imagine mundi.
   F. Latin 6561. — Au bas du premier feuillet, les noms de deux anciens possesseurs : « Pro Roberto Goullet. — Nunc sum Roberti , Dei miseratione Arboretani episcopi. » Ces derniers mots sont de la main de Robert Cenau, évêque d'Avranches.

134 Opuſcules morales d'Alain Chartier, tant en vers qu'en proſe. *in membr.*
   F. Français 832. — Au commencement : « C'est à Nicolas « le Vanier, sieur de Ancreteville. »

135 Le Mireur du monde, ou la Somme le Roy Philippes, traitant des Vertus & des Vices, compoſé par un Frere Précheur à la requeſte de Philippes de Valois en 1329.
   F. Français 459.

136 Le Thréfor du monde, traduit d'un auteur Italien.

F. Français 1114. — A la fin du volume : « Pour Jehan Lengloys, de Sainct Lo en Costantin. LENGLOYS. 1556. »

137 Le Ruftican du champ de Labeur, trad. du Lat. de Pierre des Croiffances, par ordre du Roy Charles V. en 1373.

F. Français 1316.

138 Hippocratis Aphorifmi, Gr. cum Comment. Gr.

F. Grec 2150.

139 Riolani expofit. in aphorifmos Hippocratis.

Tractatus de Morbis, incerto autore.

Gourmelani prælectiones Pharmaciæ habitæ Parif. anno 1581.

Recettes pour diftiller.

F. Latin 6853.

140 Joannis Derlons (*fortè* Januenfis) fynonima univerfæ Medicinæ, fcripta & correcta anno 1472.

F. Latin 7009. — A d'abord appartenu à l'abbaye de Royaumont, diocèse de Beauvais.

141 Philareti liber Pulfuum.

Theophili liber Urinarum.

Conftantini Africani Monachi Caffinenfis comm. in aphorifmos Hippocratis.

Comment. in Hippocratis Prognoftica.

Haly Rodoham Ægyptii commentum fuper Tegni Galeni.

F. Latin 6869.

142 Le Thréfor de l'ame, qui comprend plufieurs hiftoires des vertus & des vices, par Noé Robert.

> F. Français 1004. — A la fin du volume : « Cest livre est à Richart Boitte, filz de Jehan Boitte, lequel livre fut parfait le jeudi premier jour de septembre M CCCC soixante trois. »

143 Oeuvres de Lanfranc Chirurgien, trad. avec plufieurs Remedes, fans nom d'auteur.

> F. Français 627.

144 Bernardi Gordonii Practica, *five* Lilium.

> F. Latin 6965.

145 Traité de l'Arithmetique, de la Geometrie & de l'Aftrologie, par un auteur incertain.

> F. Français 1339.

146 Aftrologie de Ptolomée, trad. par Guill. Orefme, avec les Comm. de Haly Abentudian. *in membr.*

> F. Français 1348.

147 Ægidii de Româ Archiep. Bituricenfis folatium Scachorum ad mores Principum. *in membr.*

> F. Latin 6483.

148 — Id. trad. par Jean de Vignay.

De Melibée & de Prudence fa femme.

Lettre de Chriftine de Pizan écrite à Ifabelle Reine de France en 1405.

Enfeignemens de Geufroy de la Tour Landry à fes filles.

Fauvel & fon étrille, compofé en 1310. *in membr.*

> F. Français 580.

F

149 Moamim Falconarius de venatione avium rapacium, ex
Arab. Lat. verſus per Theodorum mandato Cæſaris.
in membr.

F. Latin 7020. — Ce volume a fait partie de la bibliothèque
des rois aragonais de Naples, et probablement de celle du
cardinal d'Amboise.

Humaniores Litterae, *in folio.*

150 Antonii Raudenſis liber imitationum eloquentiæ qua-
dratæ, contrà Laurentium Vallam.

F. Latin 7637.

151 Plinii ſecundi Epiſtolæ & Panegyricus.
Latini Pacati Drepani Panegyric.
Nazarii & Mamertini Panegyr. *in membr.*

F. Latin 8556.

152 Terentii Comœdiæ, cum Gloſſâ & Comment. *in
membr.*

F. Latin 7907.

153 Comment. in Virgilium, incerto autore.

F. Latin 7969. — A l'intérieur du premier plat : « P. le Secourable, hujus libri dominus, cepit possessionem pacificam
archidiaconatus Rothomagensis die XXI Januarii, anno Domini Mᵒ CCCCᵒ 84, more gallicano computando. Die Pentecostes sequenti precationem fecit Rothomagi coram Karolo
rege Francorum octavo, et die Martis proxima orationem
habuit coram dicto rege, dominis ducibus Aurelianensi et

Lothoringie, cancellario Francie et multis prelatis et dominis presentibus, pro ducatu Normannie et tribus statibus ibidem convocatis. » — A l'intérieur du dernier plat : « Petrus le Secourable, doctor regens in facultate theologie Parisius ex ordinacione universitatis Parisiensis primam habuit orationem coram rege Karolo octavo in suo primo adventu Parisius, presentibus dominis ducibus Aurelianensi, Alenconii et Borbonii, connestabulario multisque aliis, 2ᵃ Jullii anno Domini Mᵒ IIIIᶜ IIIIˣˣ et IIII. — Et anno ejusdem Domini Mᵉ IIIIᵉ IIIIˣˣ XVIII habuit eciam, ut supra, orationem ex parte alme matris universitatis coram Ludovico rege, etiam in suo primo adventu Parisius, in mense Jullio, presentibus multis. Vertant omnia ad honorem universitatis et anime sue salutem. »

154 Poëfies Françoifes fur divers fujets, recueillies par Jean Marie.

F. Français 1739.

155 Le Roumans de Rou & des Dus de Normandie.

F. Français 1503. — C'est une mauvaise copie du xviiᵉ siècle.

156 Recueil en vers & en profe, fcavoir fcience de l'agriculture ; de l'aurore ; de la Tranflation de S. Jacques, & de fes miracles ; Hiftoire de Charlemagne & de fes conquêtes, & comment il apporta à Paris les cloux de N. S. Plufieurs moralitez des Philofophes, & proprietez d'animaux, & deux Teftamens de Jean de Meun. *in membr.*

F. Français 834.

157 Vers fur la mort d'un riche Bourgeois.

Vie de S. Gregoire.

De l'amour illicite & ſes remedes.

L'Office des Morts en Vers François.

Rodomontades de la mort contre les mortels.

Plaintes & regrets d'un damné.

Catalogue des Rois de France.

Arreſt de mort du Connétable de Luxembourg en 1465.

Regrets, Epitaphes et Chanſons ſur la mort du même.

Viƈtoire du Duc de Lorraine ſur le Duc de Bourgogne.

Chanſons Françoiſes.

Vers & Dialogues de Pierre Pathelin.

F. Français 1707.

158 Epitre d'Othea la Déeſſe à Heƈtor âgé de XV. ans, compoſée par Chriſtine de Pizan. *in membr.*

F. Français 1644. — A la fin, cette signature : « Ludovicus Martellus Rotomagensis, 1599. » Plus anciennement, un libraire d'Angers avait tracé cette note sur le dernier feuillet : « Je Michel Prestreau, libraire de l'université d'Angiers, apprecie cest present livre nommé Othea, contenant sept cayers d'escripture, appartenant à Jehan Landouy valloir la somme de quatre escuz. Tesmoin mon sing manuel cy mis le premier jour de may l'an mil CCCC LXV. M. PRESTREAU. »

159 Joann. Varnier Carmina.

F. Latin 8147. — A la fin du volume : « Ex libris Joannis Varnier Putevalensis. » C'est l'exemplaire original des poésies latines de Jean Varnier, auteur du commencement du XVIᵉ siècle. On y remarque des pièces adressées : « ad Nicolaum de Bosco, amicum michi charissimum » (fol. 208), —

« ad Stephanum Gombaldum » (fol. 220), — « ad Bertrandum Balavoyne » (fol. 220), — ad Robertum Villegun Rhotomagensem » (fol. 221). — Sur le feuillet 234, a été ajoutée après coup une pièce palinodique de « Petrus Villiacus. » — Le volume a été acheté en 1613 par Pierre Galleman.

160 Boëce de la confolation de Philofophie, trad. en vers François.

Teflament de Jean de Meun.

Hifl. de Melibée & de Prudence. *in membr*.

F. Français 813. — Au xv⁰ siècle, le volume appartenait à Etienne le Jongleur, puisqu'on lit au fol. 78 : « Iste liber pertinet domino Stephano Jouglatoris. »

160* La Paffion de N. S. en vers.

La Légende dorée.

Traité des Vertus & des Vices, par Dialogues en vers. *in membr*.

F. Français 1534.

161 XXVIII. Contes de la Reine de Navarre.

F. Français 1513.

162 Heptameron de la Reine de Navarre.

F. Français 1514. — Vient de De Mesmes et non de Bigot.

163 Difcours de la Poëfie Françoife, & plufieurs Poëfies diverfes.

F. Français 884. — Vient aussi de De Mesmes.

Historici, *in folio.*

164 Solinus de mirabilibus mundi.

Notitia locorum Terræ Sanctæ.

Petrus Carthaginenfis Epifcopus de fcientiâ domef-
ticâ. *in membr. hæc fcripta fuerunt anno* 1435.

F. Latin 6818. — On lit sur le premier feuillet du volume :
« Hunc librum Solini de mirabilibus abreviatum, in quo sunt
folio xxxi, emimus per manus Francisci Bideli, Florentie,
pro precio ducatus unius auri, 1435, die sabbati viiii mensis
Aprilis, ad Laudem Dei. Amen. B. patriarcha Jerosolimita-
nus. » La transcription du volume est bien antérieure à l'achat
qu'en fit le patriarche de Jérusalem en 1435.

165 Traité des XIV Royaumes d'Afie en 1310. par Aycone.

Peregrinations de Bicult.

— outre mer d'Odric de Foro Julii.

— en la Terre Sainte, & en Egypte de
Bouldefelle, en 1336.

Lettres de l'Empereur des Tartares au pape Be-
noît XII. en 1338.

Le tout trad. du Latin, par Frere Jean Le Long,
en 1351. *in membr.*

F. Français 1380.

166 Chronologie depuis la Creation du monde jufqu'en
1422. *in membr.*

F. Français 694.

167 Le Rofier des Guerres, compofé par Pierre Chenifot, plus ample que l'imprimé; *juxtà fententiam D. Joan. Bigotii in capite codicis præfixam.*

F. Français 1240.

167* Chronica Martiniana Paparum & Imperatorum. *in membr.*

F. Latin 4967.

168 Martyrologium Romanum per Anni circulum, incerti autoris. *in membr.*

F. Latin 5241. — Vient d'une église dédiée à saint Etienne, laquelle devait dépendre de Saint-Jean en Vallée de Chartres.

169 Martyrologium à B. Eufebio Epifcopo, B. Hieronymo, & Beda ordinatum; *anno* 1514 *tranfcriptum.* in membr.

F. Latin 5252.

170 — incerti autoris, incipiens à vitâ S. Joannis Apoft. & finiens in vitâ S. Pauli Eremitæ *in membr.*

F. Latin 5280.

171 Vitæ Sanctorum, 2 vol. *cum indicibus ad calcem cujufque tomi ftudio D. Joan. Bigotii adjectis, juxtà cujus fententiam plurimas hîc reperire eft in Surio deficientes.* in membr.

F. Latin 5318 et 5323.

172 — Eædem menfium Julii & Augufti.

Leontius Neapoleos Cypriorum infulæ Epifcopus de vitâ S. Joannis Alexandrini. *in membr.*

F. Latin 5296 B.

173 Vitæ SS. Arnulphi, Adriani, Joviani, Aggulphi Monachi, Martini, Britii, Eligii, Amandi, Maurilii,
Ermelandii & Hermetis. *in membr.*

F. Latin 5359. — Ce ms., du xiᵉ siècle, vient de l'abbaye
de Fécamp. En tête du volume, un moine de cette abbaye a
tracé cette note, vers la fin du xiᵉ siècle : « Walterus reddidit
decime sue partem super altare sancte Trinitatis, et noṡ absol-
vimus patrem ejus Matheum de Fraximo et Adelais matrem
ejus. »

174 Vitæ plurimor. SS. Anglorum, ſcilicet vita S. Cuthberti
Epiſcopi; Paſſio SS. Eadmundi Regis & Martyris,
& Oſualdi Regis; vita S. Birini Epiſc. Tranſlatio
& miracula S. Suvithani; vita S. Atholuvoldi &
S. Eldritæ Virginis.

Vitæ cujuſdam S. Joannis, & SS. Marguaritæ &
Auſtrebertæ Virginum.

Innocentii III. Epiſtolæ duæ ad Archiep. Rotomag.
& ad Abbatiſſam Montis-Villaris. *in membr.*

F. Latin 5362.

175 Paſſiones SS. Sixti, Laurentii, Hippolyti, Abdon &
Sociorum, Symphoriani, Timothei & Appollinaris,
Suzannæ & Antonini.

Vita S. Barſahorii, vita & tranſlatio S. Nicolai Epiſc.
vita & miracula S. Leonardi; vita S. Odonis Abbatis;
vita B. Maioli Abbatis; vita & opera quædam B.
Odilonis; vita S. Thebaldi.

Paſſio & vita S. Euſtachii, uxoris & filiorum ejus.

Vita S. Romani Archiep. Rotomag.

Bedæ Comm. in Proverbia. *in membr.*

F. Latin 5290.

176 Vita S. Martini, ex Severo, Gregorio Turonenfi &
aliis, cum Supplementis diverforum de virtutibus,
miraculis et tranflatione ejufdem.

Martyrium SS. Adriani & Comitis.

Vita D. Hieronymi Doctoris.

Paffiones SS. Achatii, Heliadis, Theodori, Carterii
& Socior.

Paffio S. Blafii Epifcopi. *in membr.*

F. Latin 5329.

177 Vita S. Martini ex iifdem fcriptoribus fuprà relatis,
cum Odonis Abb. Cluniac. fermonibus de eodem
S. Martino, *amplioribus quàm in præcedenti codice,
& quàm in Bibliothecâ Cluniacenfi, juxtà annot.
D. Joan. Bigotii.*

Deux Chartres Latines du Roy Philippe, pour la
Fondation de la Fefte de la mi-Carême, en faveur de
l'Abbaye de S. Corneille de Compiegne. *in membr.*

F. Latin 5320.

178 Joan. Diaconus de vitâ & miraculis D. Gregorii Papæ.

Vita B. Lenfredi Abbatis; Paffio SS. Chryfanti &
Dariæ; Vita S. Alexii; Paffio S. Barbaræ.

Imp. CP. Epiftolæ ad Robertum Comitum Flandriæ,
& ad Hierofolymit. Patriarcham & Epifcopos Græc.
& Lat. de bello Turcis inferendo.

G

Cerei donum per Giraldum hofpitatorem Abbatiœ
Fefcanienfis ante altare Salvatoris. *in membr*.

F. Latin 5356. — Voici le texte de l'acte qui a été copié, dans
la seconde moitié du xii° siècle, sur le dernier feuillet du
volume : il prouve que le ms. vient de l'abbaye de Fécamp, et
nous fait connaître les principales fêtes qui étaient célébrées
dans cette maison, au xii° siècle :

« In tempore domni Henrici abbatis domnus Giraldus hospi-
tator ista sequentia perquisivit et concessu ejusdem abbatis
tociusque conventus perquisita concessit ad faciendum cereum
ante altare Salvatoris. Hec sunt que perquisivit. Decima
ecclesie de Thochevilla, et terra de Thochevilla quam ipsemet
Giraldus emit de Willelmo de Imouvilla, et homines de Mane-
chevilla qui reddunt XXV solidos, et in terra de Hochevilla
quam tenet Reinoldus Cophinel XLV solidos, et terram
Willelmi le Seignor de Boivilla, et quatuor domus ad Latam
Petram quæ reddunt VI libras, et si harum domuum redditus
augeantur totum cereo conceditur, de quibus unam tenet
Johannes Grosoil, et aliam Robertus Parvus, terciam Rogerius
Niflardus. quartam Odo filius Ingulfi. Hanc confirmacionem
fecit domnus Henricus abbas et totus conventus, prohibentes
ne hujus redditum cerei aliquis minueret. Et si quis minuerit,
anathema sit.

« Hec sunt festa quibus cereus Giraldi non debet ardere. Ad
festum sancti Taurini. Sancte Susanne. Sancte Marie. Sancti
Agapiti martyris. Sancti Flaviani. Sancti Bartholomei. Anni-
versarium Richardi comitis primi. Sancti Johannis. In inven-
tione sancti Taurini. Sancte Marie. Sancti Mauritii. Sancti
Michaelis. Sancti Leodegarii. Sancti Dionisii. Sancti Nichasii.
Omnium Sanctorum. Sancti Benigni. Sancti Martini. Sancti
Sidonii. Anniversarium Richardi comitis secundi. Sancti
Andree. Sancti Nicholai. Sancte Marie conceptione. Sancti

Thome apostoli. In Optavis Nativitatis Domini. Epiphanie. In translacione Sanctorum. Sancti Mauri. Sancti Vincentii. Sancte Marie. Sancti Blasii. Sancti Cuthmanni. Translatio comitum. Sancte Scolastice. Album Pascha. Ad (*sic*) absolutionis usque ad diem optavum Pasche. In die ascensionis. In optavis diebus Pentecostes. Et in optavis Sancte Trinitatis. In Dedicatione. Sancti Jacobi confessoris. Sancti Johannis Baptiste. Sancti Petri. Sancti Pauli. Sancti Benedicti. Sancti Aquilini. Sancti Cucuphatis. Sancti Stephani. Sancti Romani. Sancti Laurentii martyris. »

179 Jac. de Voragine Legendarium Sanctorum.

Vita Vvillelmi Primi Abbatis Fifcannenfis per Radulphum Monachum.

Adfonis Monachi Epift. ad Gerbergam Reginam Francor. de Antichrifto.

Syntagma de Sybillâ, *five* vaticinatio de fine mundi *in membr.*

F. Latin 5390. — Vient probablement de l'abbaye de Fécamp.

180 Index univerfalis & taxa Beneficiorum, cum hâc infcriptione: *Romana Ecclefia fub fe continet Abbates infra fcriptos, &c.* in membr.

* *Hicce Codex videtur fuiffe D. Cardinalis de Coitiny, ut apparet ex ipfius Infignibus in capite depictis.*

F. Latin 4192 B. — A la fin, on lit cette note : « M. Gabriel Dumoulin, prebtre, maistre aus arts et curé de Maneval lez Bernay, m'a donné au sieur Bigot, sieur de Sommenil, conseiller du roy en sa court des aydes de Normandie. 1632. »

180* Orderici Vitalis Hiſt. Eccleſiaſticæ libri XIII. cum ejuſdem Prologo.

> * *Hoc ipſomet Codice uſus fuit Andreas du Cheſne in editione collectionis ſuæ ſcriptorum hiſt. Normanicæ, ut teſtatur D. Joan. Bigotius in fonte libri.*
>
> F. Latin 5122. — Sur ce ms. moderne d'Orderic Vital, voyez la notice que j'ai jointe à l'édition d'Orderic Vital donnée par la Société de l'histoire de France, p. CII.

181 Chronicon Archiepiſcopor. Rotomag.
Genealogie des Rois de France.
— des Ducs de Normandie.

> F. Latin 5195. — « Ex bibliotheca G. de la Mare. » — Voyez le *Recueil des Historiens*, XXIII, 355.

182 Vie de S. Exupere Evêque de Bayeux, par Pierre de Salen.

> F. Français 5386. — « Recueilli par Mᵉ Pierre de Sallen, escuyer, sieur de la Fremonderie, advocat, demourant à Rouen en 1630. »

183 Roberti Cenalis Arboricenſ. Epiſc. Hierarchia Neuſtriæ, V. libris diſtincta, in quâ continentur Catalogus SS. Reliquiarum Eccleſiæ Abrincenſis; Catalogus Epiſcoporum Abrincenſium; Series Abbatum ædis ſacræ D. Michaelis in Monte, &c. *cum unicuique libro additamentis D. le Prevoſt Canon. Rothomag. per D. Joan. Bigotium inſertis.*

> F. Latin 5201. — Ms. original de Robert Cenau, annoté par le chanoine Le Prevost, qui a bien apprécié l'ouvrage dans la note suivante : « Hæc hierarchica historia dividitur in

quinque tomos seu libros. Primus continet descriptionem
diœcesis Abrincensis. Secundus seriem episcoporum Abrin-
censium. Tertius elenchum archiepiscoporum Rotomagen-
sium. Quartus catalogum abbatum Sancti Michaelis. Quintus
miscellanea quædam, quorum pars ad Hierarchiam Normanniæ non pertinet. Ex diversitate characterum apparet opus
non uno eodemque contextu fuisse concinnatum, sed pleraque
progressu temporis adjecta, sive ab autore sive ab alio
recentiori, cujus ultima primis aliquando non ita cohœrent.
Autor multa mutuatus est ab Orderico Vitali, Guillelmo
Gemeticensi, Roberto de Monte et aliis quos avidius legerat.
Itaque passim operi centones interseruit usque ad legentis
nauseam. Hinc styli inæqualitas. In multis etiam videtur
minus exacte egisse. In quibusdam, opinor, secutus est Chronicon Johannis Masselini, canonici Rotomagensis, sed
oscitanter : nam duos vel tres archiepiscopos Rotomagenses,
nescio quo fato, prætermisit. Opus nunquam ad coronidem
perductum fuit. •

183* Gefta Abbatum Fontanellenfium, *feu* S. Vvandregifili.

F. Latin 5426. — Copies du xvii° siècle.

184 Bedæ hift. Ecclefiaft. Anglica.

Chronica Comitum Flandriæ, ab anno 621 ad ann.
1422. incerti autoris.

Varior. autorum Epiftolæ diverfæ, miffæ per Univer-
fitates tempore Concilii Conftantienfis.

F. Latin 5237.

85 Eufebii Cæfar. Chronicon, Hieronymo interprete,
cum continuatione Profperi, & appendicibus.

Concilium apud Juliam-bonam habitum anno 1080.

— Rothomagenfe ann. 1072. *aut.* 1074.

Fragmentum ex Orderico Vitali ad Monafticam vitam pertinens.

Guillelmi Calculi hift. Normanica, ad Guillelmi Conqueftoris ufque tempora.

Chronicon breve à Chrifti nativitate, ad ann. 1235. *in membr.*

* *Super hifce omnibus præfixum eft judicium criticum D. le Prevoft Canon. Rotomag.*

F. Latin 4861. — Il y a une description détaillée de ce ms. dans mon édition de Robert de Torigni, I, xix.

186 Joannis Eremitæ prophetia, cum concordantiis Sybillarum.

Chronicæ compendiofæ Regum Hifpaniæ, confcriptæ mandato Reginæ Berengariæ.

Bernardi Guidonis Lodovenfis Epifc. Chronicon ufque ad Papatum Urbani V.

Chronicæ Impp. à Jul. Cæfare, ad ann. Chrifti 1313.

Chronicon Regum Francorum ufque ad Carolum Magnum.

Chronicon Tholofanorum Comitum.

Vincentii Belvacenfis excerpta.

Fabulæ moralifatæ.

Arreftum Parlamenti anni 1406. contrà Benedictum dictum Papam. *Hæc omnia tranfcripta per Bertrandum de Garda Clericum Tricaffenfem.*

F. Latin 4931 C.

186* Remarques fur le Concile de Trente & fur l'Hiftoire Ecclefiaftique.

> Ne paraît pas être entré à la bibliothèque du roi.

187 Martini Poloni Chronicon.

> D. Matthæi Evangeliftæ fcriptum Hebraïc. de Nativit. B. Virginis, Latinè verfum per Fratrem Peronium, & dedicatum Cromacio & Eliodoro Epifcopis. Mahumetis vitæ tractatus, & de ejus doctrinâ. *in membr.*
>
> F. Latin 4970.

188 Gervafii Tilleberienfis, anno 1210. viventis, Otia Imperialia, defcriptio mundi, creationis & diluvii, defcriptio univerfæ terræ, omnium Regnorum, & mirabilium cujufque Provinciæ. *in membr.*

> F. Latin 6488.

189 Sigeberti Chronicon, ab anno 381. ad annum 11000. cum appendice Roberti Montenfis, *feu* Abbatis de Monte. *in membr.*

> F. Latin 4992. — J'ai décrit ce volume dans mon édition de Robert de Torigni, I, xxxiii.

190 Jofephi de bello Judaïco libri VII. Lat. *in membr.*

> F. Latin 5057. — A la fin, en caractères du xv⁰ siècle : « Iste liber est de ecclesia sancte Trinitatis Fiscannensis. »

191 Egefippi hiftoriarum libri V.

> Alexandri magni Macedonis vita.
>
> — Ejufd. Epiftola ad Magiftrum fuum Ariftotelem de fitu Indiæ. *in membr.*
>
> F. Latin 5062.

192 Hiſtoire des Patriarches de l'ancien Teſtament.

F. Français 1407.

193 Guidonis Columnæ hiſt. binæ deſtruɛtionis Trojæ. Jacobi de Vitriaco liber III. *differens ab impreſſo, ex annot. D. Emerici Bigotii.* in membr.

F. Latin 5695.

194 Salluſtii hiſtoriæ.

D. Bernardus de Conſideratione, ad Eugenium. *in membr.*

F. Latin 5760. — Ce ms. vient des De Mesmes, et non des Bigot.

195 Commentaires de Ceſar, tranſlatez par Jean du Cheſnc en 1474.

F. Français 280. — Vient aussi des De Mesmes, et non pas des Bigot.

196 Suetonii hiſtoriæ de vitâ Cæſarum. *in membr.*

F. Latin 6115. — N'a pas appartenu aux Bigot, mais à la famille De Mesmes.

197 Traité du Paſſage d'outremer, écrit & compoſé en 1464.

F. Français 5593.

198 Notitia Dignitatum utriuſque Imperii.

F. Latin 5825 E. .

199 Guillelmi de Nangis, Benediɛtini in cœnobio S. Dio-nyſii, hiſtoria in tres libros digeſta. *in membr.*

F. Latin 4918. — C'est le ms. original de la Chronique latine de Guillaume de Nangis.

200 Les grandes Chroniques de France, depuis l'origine de la Monarchie, jufques au regne de Charles VI. *in membr.*

> F. Français 73. — A la fin : « Iste cronice sunt Roberti abbatis Montis Sancti Michaelis de periculo maris, empte per eum anno Domini M** CCCC tricesimo octavo. » — Et d'une autre main : « Ce present livre est de l'abaye du Mont Saint Michel. »

201 — Les mêmes, 3. vol.

> F. Français 4933-4935.— Vient de la famille De Mesmes et non des Bigot. »

202 Chroniques des Rois Charles VI. et Charles VII. Hiftoire de Ponthus Roy de Galice & d'Angleterre.

> F. Français 5031.

203 Chronique de Berry premier Herault de France, depuis Charles V. jufqu'en 1455. *in membr.*

> F. Français 2860. — Au bas du fol. 1 : « Cest livre est à Loys de Boissay, sieur du lieu et baron de Manyeres. »

204 — La même jufqu'en 1458.

Le procès du Duc d'Allençon, avec quelques pieces concernant icelui.

Le Curial fait par Alain Chartier.

Pouvoir donné au Connétable de France, & plufieurs Patentes à ce fujet.

Deftruction de Troyes en vers François.

Complainte des Normans au Roy, en vers François.

> F. Français 2861. — La dernière des pièces contenues dans ce

H

volume, fol. 230, intitulée : « La complainte des Normans en-
voyée au roy nostre sire, » se compose de 21 strophes; elle
a été adressée à Charles VII, quelque temps avant les
événements qui délivrèrent la Normandie de la domination
anglaise. En voici la première strophe :

> Tres noble roy Charles françois,
> Entens la supplicacion
> Des Normans contre les Anglois.
> La desolée et male nacion,
> Vueilliez avoir compassion
> De la duché de Normandie,
> Et le fay sans dilacion :
> Trestout le peuple si t'en prie.

205 Hiftoire de Philippes fils de Philippes Roy de France,
lequel avec le fils du Roy d'Angleterre, & le fils du
Roy d'Ecoffe, fecourut le Roy de Sicile contre le
Turc.

F. Français 1498.

206 Guillelmi Bellaii Ogdoadis liber I. *feu* Chronicon Galliæ, inquo continetur vita Francifci I.

F. Latin 9793. — Voyez, dans les *Notices et extraits des manuscrits*, t. XXIII, part. II, p. 195, un mémoire de M. Hauréau,
sur cet ouvrage de Guillaume du Bellay.

207 Siege de Cazal en 1630.

F. Français 5179.

208 Memoires concernant la ville de Rouen, recueillis fur
les Archives de ladite Ville.

F. Français 5350.

209 Chronique d'Artus III. Duc de Bretagne & Connétable de France.

> F. Français 5507. — Donné en 1642 à Bigot par M. Menart
> d'Angers.

210 Hiſtoire de Meluſine. *in membr.*

> F. Français 1485.

211 Lettres & negotiations du Cardinal de Marquemont,
tranſcrites ſur les Originaux en 1630.

> F. Français 5176.

212 Genealogies des Maiſons de Lorraine, de Bourbon, de
Luxembourg & d'Eſtouteville, depuis l'an 1485.
Abregé des geſtes de Louis de Brezé Comte de Mau-
levrier, grand Senechal de Normandie. *in membr.*

> F. Français 5407.

213 Genealogie de la Maiſon de Poitou.
Aveu rendu au Roy pour le Comté de Sanzay, *avec
la Collation ſignée en fin.*

> F. Français 4655.

214 Genealogie de la maiſon d'Harcourt, par Jean le Feron,
*ex conjeɑura D. Joan. Bigotii in capite codicis
præfixâ.*

> F. Français 5473. — En tête du volume, note de Bigot :
> « M. Boullent, prieur du Parc et aulmonier de la royne, m'a
> donné la coppie de ce ms., possédant l'original en parchemin. »

215 Annales Genealogiques des Maiſons de Vitré & Laval
en Bretagne, reünies maintenant à la Maiſon de
Laval, par Pierre le Baut.

F. Français 5474. — « Transcript par M. François du Bosc, escuyer, sieur d'Hermenonville, demeurant à Rouen, en l'eglize Saint-Patrix. »

216 Memoires de la Famille de Clere, comp. par le P. le Maiftre Jacobin de Rouen en 1628.

F. Français 5476. — Ces mémoires, relatifs à la famille de Clère, sont fort confus, mais renferment un certain nombre de pièces intéressantes, parmi lesquelles j'ai remarqué la charte de Richard Cœur de lion dont le texte suit : « Ricardus, Dei gratia rex Anglie , dux Normanie et Aquitanie, et comes Andegavensis , justiciariis, vicecomitibus, senescallis, prepositis et omnibus ballivis et fidelibus suis, salutem. Sciatis nos concessisse et presenti carta confirmasse Matheo de Clere quod habeat unaquaque die Martis mercatum apud Clere. Quare volumus et firmiter precipimus quod dictus Matheus habeat unum diem fori in qualibet hebdomada, scilicet die Martis, et quod illuc venientes habeant salvum ire et salvum venire cum mercibus suis. Testibus Philippo de Columbariis, Rogone de Saci, Gaufrido Loscu. Datum per manum Johannis de Alencon, archidiaconi Lexoviensis, vice cancellarii nostri, apud Turones, xxvi die junii. »

217 Regiftre de Monfaut, fuivant la Commiffion du Roy de 1463. contenant les perfonnes qui ont efté certifiées Nobles par les Officiers des Aydes de Normandie.

F. Français 2782.

218 Ban & Arriere-ban d'Evreux pour l'année 1567.

F. Français 5352.

219 Nobles du Baillage de Rouen, & taxe fur iceux en 1588. avec le compte rendu en la Chambre des Comptes.

F. Français 5353.

220 Ban & Arriereban d'Arques & Neufchâtel, avec le compte rendu en 1599. pour l'année 1587.
F. Français 5355.

221 L'Arbre des Batailles, dedié au Roy Charles VII. par Honoré Bonnet, Prieur de Salon en Provence. *in membr.*
P. Français 673

222 Armorial des Familles nobles d'Angleterre & de Normandie, depuis Guillaume le Conquérant, jufques & y compris Elizabeth, en Anglois & en François, avec les Blafons enluminez. 3. vol.
F. Anglais 32 et Français 5478 et 5479.

223 Diverfes Armoiries recueillies, avec la Table.
Ne paraît pas être entré à la Bibliothèque du roi.

224 Libro de Efcudos de Armas de los mas illuftres Señores de Efpaña, fus Genealogias, Cafas, Rentas y Haza-ñas, con fus Nombres propios. *cum Infignibus pictis.*
P. Espagnol 194.

225 Livre des Monnoyes anciennes de France.
F. Français 5519.

226 Evaluations des Monnoyes d'or & d'argent, depuis le regne de Philippes le Bel en 1306. jufqu'en 1423.
La Loy & le Gouvernement des Monnoyes, & de fes Officiers & Ouvriers.
Lettres royaux & Ordonnances anciennes pour les Monnoyes, depuis le Roy Jean.

Diverſes Ordonnances concernant les Dîmes & Amortiſſemens.

Noms des Fondateurs des Abbaïes de Normandie.
F. Français 5520.

227 Procès-Verbal d'Evaluation des Monnoyes étrangeres, en 1559. avec les Empreintes imprimées.
F. Français 5523.

227* Touchant les Medailles Gotiques, *ou* extravagantes.
F. Latin 5871.

228 Leonardus Aretinus de bello Italico adversùs Gothos.
— Ejuſdem in Hypocritas inveſtiva.
Robertus Caraciæ Comes de Galeacii Ducis Mediolan. morte.
Caron de Scipionis, Annibalis & Alexandri prælatione.
Roberti Gaguini Hiſpaniarum deſcriptio.
Alani Quadrigarii Curialis, latinè faſtus.
F. Latin 5870. — On lit au bas du fol. 1 : « Est mei Christofori Arbaleste post Ambrosium Cambrai. Scriptum anno Domini 1514, decima sexta januarii die : CHRISTOFORVS ARBALESTE. »

229 Inſtruſtion pour un Ambaſſadeur.
Diſcours de l'état de l'Egliſe & Cour de Rome.
Relationi varie della Corte Romana.
Comparatione delle Propoſte fatte dal Re di Francia & Re di Spagna al Papa ſopra la ſcommunica de' Venetiani. 1607.

Ordre du Batême de M. le Dauphin en 1606.

F. Français 5668.

230 Encomium Franciæ.

Defcriptio variarum Regionum, &c.

F. Latin 4848 A.

231 Maximes politiques tirées des Memoires de Commines.

Ne paraît pas être entré à la Bibliothèque du roi.

232 Negotiations du Sieur de Briffac en Italie.

F. Français 5126.

233 Relation de ce qui s'eft paffé au Jugement et execution du Maréchal de Marillac, & du Maréchal de Montmorenci.'

F. Français 5181.

234 Procès criminel, & particularitez de la mort de Meffieurs de Cinq-Mars & de Thou.

F. Français 5185.

235 Traité entre le Roy de France & le Duc de Bourgogne en 1435.

Reddition de la ville de Dinan en Bretagne au Duc de Bourgogne en 1466.

Ordonnances de l'Echiquier de Normandie de 1463.

Traité entre le Roy de France & le Duc de Normandie en 1465.

Accord entre le Duc de Brabant et la ville de Gand en 1453.

Hiftoire de Marcomeris fils de Priam, fa venue en France, & fon mariage avec la fille du Roy de Carthage.

Hiftoire de Barlaam, Jofaphat & Avenir faints Hermites.

Le Miroir de l'ame.

Vie de S. Antoine de Pade, en vers.

Regrets & Epitaphes en vers fur la mort de Charles IX.

Les feintes *ou* diffimulations, en vers.

De la Meffe, & fignifications d'icelle.

Condamnation du Connétable de Luxembourg.

L'Echelle de charité.

Le Trépaffement de Nôtre-Dame, & fon Affomption.

Compaffio B. Mariæ circà Crucem, ficut ab ipfa revelatum fuit D. Auguftino.

Confeffio generalis, cum aliquot devotis Orationibus.

Laudes B. Virginis, & de Sacramentis Altaris.

Le Jeu des Efchets moralifé.

Hiftoire d'Herodes, de Judas & de Pilate.

Prife de Conftantinople par le Turc en 1453.

Lettres Patentes en faveur des Habitans de Rouen en 1465.

Traité de la paix d'Arras de l'an 1435. entre les Rois de France & d'Angleterre, et le Duc de Bourgogne.

F. Français 5036.

236 Ordonnance des Etats en 1356.

Traitez avec l'Angleterre, depuis le Roy Jean.

Thomæ Mori Hift. Richardi III. Regis Angliæ.

F. Français 4996.

236ᵉCritique de la Harangue du Cardinal du Perron aux
Etats.
> F. Français 4087.

THEOLOGI, *in quarto*.

237 Biblia Sacra, Latinè, cum interpretat. dictionum
Hebraïcarum. *in membr.*
> P. Latin 179.

238 Evangelia, Lat. ex verf. D. Hieronymi, Damafo Papæ
ab eodem dicata, cum Canonibus initio Codicis
defcriptis. *in membr.*
> F. Latin 258.

239 Clichtovei Hiftoriæ Veteris & Novi Teftamenti fe-
cundùm ordinem Sacrorum Bibliorum. 2 vol. *in
membr.*
> F. Latin 525.

240 Comment. in Job, incerti autoris. *in membr.*
> F. Latin 188.

241 — in Pfalmos, incerti autoris.
Mathodi, *feu* Marbodæi, *feu* Marbodi verfus de la-
pidibus pretiofis.
> F. Latin 8121.

42 Jacobi Gopyli paraphrafis Pfalmi CXIX.
> F. Latin 557.

I

243 Hugonis à S. Victore Tractatus super Ecclefiaften.
—   Didafcalicon. *in membr.*
> F. Latin 2913.

244 Guitbertus in Ofeam & Amos & in Hieremiæ lamentat.
Guitberti tractatus contrà Judæos & Judaïzantes.
Explanatio in Pfalmos incerti autoris. *in membr.*
> F. Latin 2899.

245 Magiftri Odonis Monachi Ciftercienfis expofitiones
Evangeliorum. *in membr.*
> F. Latin 698. — Vient de l'abbaye de Conches.

246 Ordo Romanus, imò Micrologus. *in membr.*
> F. Latin 1232. — A la fin de ce volume, le chanoine Le Prevost
> a copié, d'après un ancien rituel de l'église de Rouen, l'of-
> fice de la fête des ânes, suivant l'usage de Rouen.

247 Rituale Romanum.
> Ne paraît pas être entré à la Bibliothèque du roi.

248 Preces *feu* præceptiones, quæ in Parochiis Diœcefeos
Parif. fiunt, *vulgo nuncupatæ* Prônes.
Forma Confeffionis generalis & abfolutionis Pafcha-
lis, pro eâdem Diœcefi.
> F. Latin 1216.

249 Exercitationes variæ.
Vita S. Taurini, S. Luciæ & S. Nicolai Epifcopi.
Paulini ad D. Auguftinum Epiftola, cum Auguftini
refponf. ad Paulinum.
Prudentii Pfichomachia. *in membr.*
> F. Latin 989. — Vient de l'abbaye de Fécamp.

250 Directorium *feu* Rituale Rotomagenfe.
> F. Latin 1213.

251 Breviarium Lexovienfe.
> F. Latin 1065.

252 Epifcopi Cameracenfis Comment. in Hymnos can-
tandos in Rom. Ecclefiâ, cum variorum traɛlatuum
ejufdem compilatione.
> Traɛlatus de Litibus in Rom. Curiâ inftruendis.
> Diɛlaminis Summa. *in membr.*
> F. Latin 1093.

253 Homiliarium per totum annum.
> Sermones de Adventu.
> Scintillarius, *feu* liber Sententiarum.
> Salomonis Proverbia.
> De Confeffione, qualis & quomodo habeat fieri.
> Varia Liturgica. *in membr.*
> F. Latin 3827.

254 Joannis Belet Summa de Ecclefiaft. Inftitutionibus.
> Quædam Summorum Pontificum Epiftolæ. *in membr.*
> F. Latin 997.

255 Traité intitulé le Doɛlrinal de la Meffe.
> — des Cas refervez à l'Evêque.
> L'Horloge de la Paffion.
> Traitez des Articles de la Foi, des dix Commande-
> mens, des fept pechez mortels, des Sacremens, du

Purgatoire & de l'Enfer, *tranfcrits par ordre de Guy de Roye, Archev. de Rheims.*

F. Français 1885.

256 Remigii Altiffiodorenfis expofitio Miffæ.

Fragmentum D. Gregorii Nyffeni de Imagine, *feu* de hominis conditione, Lat.

Leodicenfis Epifcopi Epiftola de Corpore & Sanguine Domini. *in membr.*

F. Latin 2636. — Au haut du fol. 3 : « Ex bibliotheca Ludovici Martelli Rothomagensis. »

257 D. Cyprianus de duodecim abufivis fæculi.

D. Anfelmi Homilia in Joannem de planctu Magdalenæ.

D. Auguftini liber de Paffione Salvatoris.

Hugo à S. Victore de medicinâ animæ.

— Ejufdem fpeculum Ecclefiæ, de veftimentis Ecclefiæ, & de fignificatione Miffæ.

Methodius de Bellis à principio fæculi ad finem.

Tractatus de Paradifo terreftri & Paffione Domini, incerti autoris.

Petrus Bertrandus de Jurifdictione Ecclefiaft. & temporali, & de earum connexione et divifione ad invicem.

De Efopo & ejus Fabulis moraliter fictis.

Luciferi Epiftola moraliter ficta, directa filiis fuperbiæ. *in membr.*

F. Latin 2622.

258 D. Ambrofius de Ifaac & animâ, de bono mortis, de

fugâ fæculi, de Jacob et vitâ beatâ, de Paradifo, de confolatione Valentiniani, & Epiftola ad Vercellenfes. *in membr.*

F. Latin 2639.

259 D. Auguftini Homiliæ X. in Epiftolam Joannis.
Durandi Abbatis liber de Corpore et Sanguine Chrifti. *in membr.*

F. Latin 2720.

260 D. Ifidori Hifpal. Synonyma, *vel* Soliloquium.
D. Bernardi confeffio.
D. Anfelmi Meditat. de humanâ conditione, de extremi judicii terrore, & de memoria beneficiorum Chrifti.
— Idem de animæ falute.
— Ejufdem prologion.
D. Auguftinus de falutaribus documentis. *in membr.*

F. Latin 2821. — Le volume a d'abord appartenu à l'abbaye de Conches, puis, vers le commencement du xvi° siècle, à Jean Ynger, de Louviers : « Pro Johanne Yngier de Loco Voris. »

261 Hincmarus Rhemenfis adverfûs Hincmarum Laudunenfem. *in membr.*

F. Latin 1594. — Ce volume, avant d'appartenir à Bigot, doit avoir fait partie de la bibliothèque de Petau.

261* Ildeberti Cenomanenfis Epiftolæ, *inter quas juxtà fententiam D. Joan. Bigotii nonnullæ editæ non fuerunt.*
Fragmenta quædam varia. *in membr.*

F. Latin 2904. — Ce ms. vient de l'abbaye du Valasse. On
lit à la fin, sur le plat intérieur de la couverture : « Liber
Sancte Marie de Voto. Qui eum abstulerit aut celaverit vel
has litteras maliciose deleverit, anathema sit. »

262 Petri Lombardi Sententiarum liber II. *in membr.*

     F. Latin 3407.

263 Joan. de Rupellâ Summa de animâ.

     D. Auguftinus de fpiritu & animâ.

     Libellus de viribus animæ.

     Petrus Abbas Cluniac. de locis Purgatorii, & cœleftis
     patriæ.

     De Sanctâ Elifabeth.

     De S. Mariâ de Orgnies.

     Revelatio cujufdam Sanctæ Religiofæ mulieris. *in
     membr.*

     F. Latin 6686 A.

263* Tractatus Theologici, incerti autoris.

     Sidonii Apollinaris Epiftolæ. *in membr.*

     F. Latin 3477.

264 Expofitio in XII. articulos fidei.

     Sermo de Paffione Domini.

     La Paffion de N. S. en vers Franç.

     F. Latin 3536.

265 Sententiæ plurimorum SS.

     Ordo, numerus & nomen Apoftolorum.

     Tractatus Aftrologicus de fignis cœleftibus.

     De hominis complexionibus.

D. Hieronymus de Dei eſſentiâ, immenſitate & in-
viſibilitate.

Expoſitio in Cantica Canticor.

Diſtigii liber.

Joann. de Galandy Dictionar. abbreviat. &c.

Iſidori Etymologiæ variæ.

Liber elucidarius.

Hugonis Card. ſumma, ſeu Eccleſiæ ſpeculum.

Liber Beſtiarius. *in membr.*

F. Latin 3630.

266 Raymundi Barchinonenſis, ſeu de Pennaforti, Summa
de caſibus conſcientiæ. *in membr.*

F. Latin 3518.

267 — Eadem, cum Gloſſis. *in memb.*

F. Latin 3249. — A la fin du volume : « Ce livre est de l'abbaye de Vallemont.

268 Yvonis Carnotenſis ſermones varii.

Expoſitio Divinorum Officiorum.

Catalogus Pontificum Rom. per VII. priora ſæcula.

Hiſt. Adami & Evæ poſt exitum è Paradiſo terreſtri.
in membr.

F. Latin 3832.

269 Roberti Politiani Sermones habiti anno 1573.

F. Latin 554.

70 Meditat. ſur la vie de N. S. par S. Bonaventure, trad.
par Jean Galopes par l'ordre de Henri V. Roy d'Angl.

Le Doctrinal de la Foi. *In membr.*

F. Français 923.

271 Smaragdi Diadema Monachorum.

De duobus altaribus in homine.

Rufinus de Vitis Patrum.

Monita & exempla SS. Patrum.

Driĉtelmi *five* Digrelmi refurreĉtio mortui.

Narrationes hiftoricæ quorumdam SS. Patrum. *in membr.*

F. Latin 2462.

271* De verâ Religione.

Stimulus Amoris.

De Celebratione Miffæ.

Ifidori Synonima & difputationes.

D. Anfelmi, Ambrofii & alior. meditat. *In membr.*

F. Latin 3499. — De l'abbaye de Fécamp.

272 Thomas Bazin Epifcopus Lexovienfis contrà errores & blafphemias Pauli de Middelburgo. *In membr.*

F. Latin 3658. — Le volume a été corrigé de la main même de Thomas Basin.

JURIDICI, *in quarto.*

273 Decreti pars fecunda. *In membr.*

F. Latin 3889.

274 Bernardi Compoftellani cafus Decretalium.

Bartholomæi Brixienfis Brocarda Juris Canonici. *In membr.*

F. Latin 4303.

275 Bernardi Compoſtellani apoſtillæ in partem Decretalium. *In membr.*

F. Latin 3994. — De l'abbaye de l'Écamp.

276 Gaufredi Summa in Decretales. *In membr.*

F. Latin 4298.

277 Prologus in Regulam S. Benedicti pro Monachis & Monialibus Diœcefis Parif.

F. Latin 4340.

278 Benedictina, *feu* Bulla Benedicti XII. ad Monachos nigros. *in membr.*

F. Latin 4312.

279 Collateral *ou* Pouillé de l'Abbaïe de la Couture.

F. Français 5971.

280 Cœleſtinorum Conſtitutiones pro Provinciâ Galliæ & aliis eidem unitis.

F. Latin 4352.

281 Regle des Moniales de l'Abbaïe de S. Etienne près Soiſſons, de l'Ordre de S. Auguſtin, traduite du Latin par Adrien Behotte Archidiacre de Rouen.

F. Français 5983.

282 Regula S. Stephani Muretenſis primi Patris Ord. Grandimontenſis.

F. Latin 4341.

283 Minimitaire, *ou* Regle du Tiers-Ordre des Minimes, dits Bons-Hommes.

F. Français 5985.

K

284 Statuta Ecclefiæ Turonenfis.

Synodus Turonenfis anni 1396. *In membr.*

F. Latin 1237.

285 Statuta Synodalia Ecclefiæ Nannetenfis, ab anno 1405. ad ann. 1499. *in membr.*

F. Latin 1597.

286 Des Changes, des Monnoyes, & dépendances.

F. Français 5917.

287 Couftumiers anciens de Paris, Orleans, Cour de Baronie, Artois, Ponthieu, Vimeu, &c. *in membr.*

F. Français 5248. — A la fin : « Che livre chy eft a Hugues d'Auxi et le a acheté à Gile Varin. » — « Jacobus Pericrius Constantinias, Rothomageus practicus, jure venditi me possidet anno 1549. »

288 Anciennes Ordonnances concernant les Foires franches, Marchez & Poiffonnerie de Rouen. *in membr.*

F. Français 5950.

289 Ordonnance pour les Chauffetiers de Rouen de 1497. *in membr.*

F. Français 5952. — Au commencement du ms. on lit : « Cest livre est à Simonet Baudouin, demourant en la paroise Saint-Erblanc. » — Le volume a conservé sa reliure primitive, de la fin du xve siècle : elle se compose de deux planchettes recouvertes de cuir gaufré. D'un côté, l'image de saint Nicolas, au bas de laquelle est le nom du relieur ou du libraire : JEHAN HUVIN. De l'autre côté, l'image de la sainte Vierge et de saint Jean au pied de la croix, avec cette légende : O VOS OMNES QUI TRANSITIS PER VIAM ATTENDITE ET VIDETE SI EST DOLOR SICUT DOLOR MEUS. Au bas de cette seconde image, les initiales enlacées J. H., pour rappeler le nom de Jehan Huvin.

290 Remontrances du Parlement de Paris au Roy en 1615.
F. Français 5317.

291 Traité des Monnoyes, Reglemens & Privileges des Ouvriers & Monnoyeurs, compofé en 1640. par Matthieu le Roux Sindic des Monnoyeurs de Rouen.
F. Français 5918.

292 Conftitutio Philippi faɛta apud Villam-Novam-Regis anno 1210.

Concilium apud Juliam-bonam anno 1080.

Conftitutio Regis apud Pontem-Archæ anno 1230.

— Gaufridi Comitis Britanniæ fuper terris inter Fratres dividendis.

Modus Focagii capiendi in Normanniâ.

Capitula quædam inter Clericos & Laïcos de Jurif-diɛtione.

Conftitutio S. Ludovici de Judæis anno 1230.

Stabilimentum inter Clericos & Barones Norman. anno 1204.

Confirmatio confuetudinum Civium Rotomag. anno 1207.

Ordo eligendi Majorem Rotomag.

Conceffiones Regum Civibus Rotomag.

Conceffio Halarum Pontis-Audomari.

— Philippi R. civibus Cadomenf.

Communitas apud Calvum-Montem.

Conceſſio Ludovici R. civibus Pariſ. anno 1270.

Tenementa varia militum Normanniæ.

Modus inveniendi diem Paſchæ.

Coutume de Normandie.

Scacaria Normanniæ ab anno 1207. ad 1250.

De Conſuetudinibus.

Charta Philippi R. de Patronatibus Eccleſiar. *in membr*.

F. Latin 11032. — Le contenu de ce volume est assez bien indiqué dans la précédente notice pour qu'on puisse en apprécier la valeur. Il me suffira d'ajouter que dans ce ms. le texte français de la Coutume de Normandie (p. 47-188) est accompagné de la plupart des chapitres de l'ancienne compilation de droit normand qu'a publiée M. Warnkœnig, en 1848, à la suite du second volume de son Histoire du droit français, et dont une version française avait été donnée en 1839 par M. Marnier. — Après la Coutume, on trouve dans le ms. 11032 (p. 188-214) la troisième compilation des jugements de l'Echiquier, et (p. 215-220) la compilation des Assises.

293 Ordonnance pour les Teinturiers de Rouen, commen-çant en 1359. *in membr*.

F. Français 5954.

294 Privileges de la Ville de Grand-Ville en Normandie.

F. Français 5356.

295 Aſtexani Ordin. Minorum Vocabularium & diſcre-pantiæ Juris.

F. Latin 4721.

Philosophi, *in quarto.*

296 Ariftoteles de Sophifticis elenchis, Lat.
   —   Ejufd. Topica. Lat.
   —   Analytica, Lat. cum Comm. Marginalibus.
   in membr.
   F. Latin 6294.

296* Lexicon Gr. Lat. in Ariftot. de Animalibus, per Syl-
   burgium.
   F. Grec 1952.

297 Efpeio de Socrates.
   F. Espagnol 235.

298 Collectiones Medicinæ ex Hippocrate, Galeno, &c. *in*
   membr.
   F. Latin 7008. — En écriture du xvi* siècle : « Magistri
   Johannis Vallesii et amicorum. »

299 Ifaac filius Salomonis de Urinis, de Phlebothomiâ, &
   de Semine.
   Joan. de Aquila de Phlebotomiâ, &c. *in membr.*
   F. Latin 6884.

300 Livre de Chirurgie.
   F. Français 2029.

301 Antidotarium ord. alphabetico. *in membr.*
   F. Latin 7009. — Ce volume vient de l'abbaye de Royaumont.

302 Arnaldi de Villâ-Novâ opus Magiſterii.

— ·Theſaurus natural. operationum.

Alberti magni Alchymia.

Traité des Métaux & Alchimie.

F. Latin 7162.

303 Traƈatus Alchymiæ, nuncupatus Verbum demiſſum.

Le Tréviſan, par le Comte de la Marche.

Arnaldi de Villâ-Novâ quæſtiones.

Commencement de l'œuvre des Philoſophes.

Protocol de Guill. de Sena, touchant l'Alchimie.

Recettes pour compoſer des couleurs. 2 vol.

F. Français 14797.

304 Tabulæ ſinuum & angulorum.

F. Latin 7455 B.

305 Traité de Geometrie.

Tabulæ Aſtronomicæ.

Bibliotheca, ſive repertorium Librorum.

F. Français 14728.

306 Du nombre Solaire.

F. Français 2079.

307 Tabulæ Aſtronomicæ. *in membr*.

F. Latin 7404.

308 De proximâ Reipub. Venetæ inclinatione, ex Aſtris
conjeƈatio, anno 1607.

F. Latin 7452.

309 Boëtius de Muſicâ. *in membr*.

F. Latin 7204.

310 Routier de Mer, enluminé. *in membr.*

> F. Latin 18249.

311 De Coloribus & pingendi arte tractatus & experimenta varia.

> Theophilus de Picturæ fcientiâ.
>
> Petrus de S. Audomaro de faciendis coloribus.
>
> Eraclius de Coloribus.
>
> Archerius de Coloribus ad pingendum & illuminandum.

> F. Latin 6741. — Sur le feuillet de garde placé au commencement : « Ex bibliotheca Lud. Martelli, Rothomagensis. » — Ce volume, d'après lequel M. de Lescalopier a donné son édition de Théophile, est une compilation, écrite en 1431 par maitre Jean le Bègue, d'après un recueil fait vers le commencement du xv⁰ siècle par Jean Aucher. Le contenu du volume est exactement indiqué dans une note écrite sur le fol. 1 par Louis Martel et dont voici le texte :
>
> « Continentur hoc volumine :
>
> « Tabula de vocabulis synonymis et æquivocis colorum rerumque et accidentium colorum, ipsisque et arti pictoriæ conferentium necnon operum exercitiorumque propitiorum ac contingentium eorum.
>
> « Alia tabula licet imperfecta et sine initio.
>
> « Experimenta de coloribus.
>
> « Experimenta diversa alia quam de coloribus.
>
> « Liber Theophili admirabilis et doctissimi magistri de omni scientia picturæ artis.
>
> « Liber magistri Petri de Sancto Audemaro de coloribus faciendis.
>
> « Eraclii sapientissimi viri liber primus et metricus, de colo-

ribus et de artibus Romanorum. — Ejusdem liber secundus
item metricus. — Ejusdem liber tertius, sed prosaicus, de
coloribus et artibus prædictis.

« De coloribus ad pingendum capitula scripta et notata a
Johanne Archerio, sive Alcherio, anno Domini 1398, ut accepit
a Jacobo Cona, flamingo pictore, commorante tunc Parisius.

« Capitula de coloribus ad illuminandum libros ab eodem
Archerio sive Alcherio scripta et notata anno 1398, ut accepit
ab Antonio de Compendio, illuminatore librorum in Parisius
et a magistro Alberto Porzello, perfectissimo in omnibus modis
scribendi, Mediolani scholas tenente.

« Aultres receptes en latin et en françois, per magistrum
Johannem le Bègue, licentiatum in legibus, et generalium
magistrorum monetæ regis greffarium Parisius, qui præsens
opus seu capitula in hoc volumine aggregata propria manu
scripsit anno Domini 1431, ætatis vero suæ 63. »

ILLUSTRA DEUS OCULUM.

Ces trois derniers mots sont l'anagramme de LUDOVICUS
MARTELLUS.

HUMANIORES LITTERAE, *in quarto.*

312 Dictionarium Latino-Gallicum.

> F. Latin 7679.

312* Dictionarium Italico-Turcicum.

> F. Turc 219.

313 Libanii, Euripidis & aliorum varia, Gr.

> F. Grec 3026. — Ce volume vient des de Mesmes, et non des
> Bigot.

313* Cicero de Inventione Rhetoricâ, ejuſdem Rhetorica. *in membr.*

F. Latin 7739. — « Ex bibliotheca Ludovici Martelli Rotomagensis, 1579. »

314 — de Officiis, de Seneĉtute, de Amicitiâ, Paradoxa, & Somnium Scipionis. *in membr.*

F. Latin 6608. — Ce volume vient des de Mesmes, et non des Bigot.

315 Cicerone al Quinto fratello, tradotto & annotato. Epiſt. di Petrarca à Nicola Acciaioli nella coronatione del Re Luigi.

F. Italien 983.

316 Stylographie, ou Methode d'écrire, comp. en 1609. par Jean Poigneant.

F. Français 2160.

317 Æneæ Sylvii (Pii II.) Epiſtolæ.

F. Latin 4314.

318 Euripidis Medæa, Gr. cum verſ. & not. D. Martelli Rotomagenſis.

F. Grec 2816.

319 Sentences élegiaques de Theognis, trad. en vers François, par le Gras.

F. Français 2309. — L'auteur de cette traduction est « maistre Jacques le Gras, advocat en parlement, filz du docteur en medecine à Rouen, lequel a verty les besongnes d'Hesiode. »

320 Virgilii Æneïdos libri XII. *in memb.*

F. Latin 7931.

L

321 Horatii Opera. *in membr.*

F. Latin 8215.

322 Statii Thebaïdos libri XII. *in membr.*

F. Latin 8059.

323 Eugenii Toletani, Flori Lugdunenf. Vvandalberti Diaconi & Theodulphi Epifcopi Aur. Poëmata facra. *in membr.*

F. Latin 2832. — Ce précieux volume, l'un de ceux que Mannon donna à l'église de Saint-Oyan vers le milieu du ixe siècle (voyez *Biblioth. de l'École des Chartes*, année 1868, 6e série, IV, 218), avait appartenu à Petau, avant d'entrer dans la bibliothèque de Bigot.

323* Gualteri Caftellionenfis Alexandreis, *feu* vita Alexandri magni *in membr.*

F. Latin 8355.

324 Chants de Thiebault Roy de Navarre. *in membr.*

F. Français 2193.

325 Poëmes François d'amour & de fes effets.

F. Français 2377.

326 Roman de la Roze, en vers Franç. *in membr.*

F. Français 1571.

327 — — le même.

Etable Fauvel, ou exemple de Guide fubftance.

Exemple de la Roue de Fortune.

Teftament de Jean de Meun; le tout en vers. *in membr.*

F. Français 2195. — A la fin, cette note du xve siècle : « Cest

livre est à Massiot Austin, de Rouen ; qui le trouvera, si le
rapporte etc. »

28 Teftament de Jean de Meun.

Hift. de Melibée & de Prudence fa femme.

Proverbes des Sages.

La Châtellenie du Vergier.

Vies de S. Euftache, de S. Alexis, de S. Jean, de
S. Leu & de S. Nicolas.

La Paffion de N. Seigneur.

La Vengeance de Nôtre Seigneur.

La Vie de S. Sebaftien.

Hiftoire de l'Abbaie de Fécamp.

Le Mireur du Monde.

Le tout en Vers. *in membr.*

F. Français 1555. — Ce volume, quoiqu'il ne date que du
commencement du xv⁰ siècle, est palimpseste : il est écrit
sur les feuillets grattés d'un registre de notaire de Vernon,
en 1325 et 1326. Au xv⁰ siècle, il appartenait à un habitant
de Vernon : « Ce livre appartient à Symon Pierres, conseyller
en court lay, demourant à Vernon sur Saine. » — Dans ce
volume, le poëme sur le précieux sang de Fécamp occupe les
fol. 205-217.

29 L'Image du monde, Roman en vers François. *in
membr.*

F. Français 2174. — Ce ms. a fait partie de la bibliothèque
de Charles V. Au xv⁰ siècle, il paraît avoir appartenu à deux
habitants de Saint-Lo en Cotentin : « Felipot le Rebours, à
qui cest livre est. Qui le trouvera, sy luy rende, et y sera
courtais de vim à la mesure de Cotentin. » — « Ce livre apar-

tient à Guillame Berengier, demeurant à Saint Lo, contre l'eglise Nostre Dame, et l'a acheté à l'inventoyre des biens de Phlipot le Rebours, en la presence de Collin Bigot, Jacques Guillot, Christofle Hanap, et plusieurs aultres. »

330 Le Vœu du Paon, en Vers. *in membr.*
> F. Français 2167.

331 Hift. di Bianchofiore, in rime Tofcane.
> — di Roma & degli Imperadori Rom. *in membr.*
> F. Italien 1095.

332 Stanze di Molza, fopra il ritratto della Signora Julia Gonzaga Colonna. *in membr.*
> F. Italien 1046.

333 Poëfies en langage Turc des louanges de Mahomet, des jeûnes, des prieres & des purifications des Turcs, 2 vol.
> F. Turc 263.

334 Nicolai Pergameni Fabulæ.
> F. Latin 8512.

335 Dolæi notæ in Apuleii metamorph.
> F. Latin 6635.

336 Le Quadrilogue d'Alain Chartier. *in membr.*
> F. Français 1129. — A la fin, en caractères du XVI⁰ siècle, « Joannis a Landa Cadomensis et amicorum. »

337 Apoftolii Proverbia Græcorum, Græcè.
> F. Grec 3072.

338 Proverbia Gallica, Lat. verfa cum annot. Stephani le Gris.

F. Latin 7567. — On lit à la fin du volume (fol. 108 v°) :
« Pour maistre Jehan Guascoing, curé de Dampfront, a esté
escript cest present livre, et appartient au dit Guascoing;
et l'a escript Jehan du Moustier. Tesmoing son saing manuel cy mis, le sapmedi xix°° jour d'octobre, l'an de grace
mil IIII° soixante et ung, auquel jour le dit livre fut a-
comply. J. DU MOUSTIER. » — Et d'une main un peu plus
récente : « Et pro nunc pertinet ma. Gallobio le Pele, promo-
tori Constanciensi. »

339 Joan. Brevidentii Paradoxa.

F. Latin 8752. — Le titre complet de cet opuscule est ainsi
conçu : « Joannis Brevidentii Rothomagensis sex paradoxa ad
prudentissimum patrem suum Rothomageum propraetorem. »
An revers du titre, petite pièce intitulée : « Guillielmi de
Mara in Joannis Brevidentii, sui discipuli, paradoxa pro
strenis epigramma. »

HISTORICI, *in quarto.*

340 Solini Polyhiftor.

Epiftola Alexandri magni ad Didymum Regem
Bragmanorum. *in membr.*

F. Latin 6833. — A la fin de ce volume, en caractères du
xv° siècle : « Istum librum legavit magister Johannes Ga-
relli, Ebroicensis diocesis, elemosinarius serenissimi principis regis Ludovici, quondam scolaris et cappellanus collegii
de Plesseyo, magistro et scolaribus dicti collegii de Plesseyo,
ad usum ipsorum scolarium, pro incathenando in eorum
libraria, et non ad alios usus applicando. »

341 Voyage du Levant. *in membr.*
F. Français 2129.

342 Chronica Martiniana Pontificum & Imperatorum. *in membr.*
F. Latin 5021.

343 Savaronis paænefis ad Baronium.
F. Latin 5658.

343* Elogia Archiep. Rotomagenfium, excerpta è Cod. MS. D. le Prevoft, Canon. Rotomag.
Ne paraît pas être entré à la Bibliothèque du roi.

344 Regiftre des Fondations, Reliques, &c. de l'Eglife de Saint André hors la porte de Rouen, recueilli fur les Originaux.
F. Français 5955.

345 Antiquitez & Dignitez du Prieuré de Saint Lo de Rouen, compofé en 1636. par Thomas Avice, Curé dudit S. Lo.
F. Français 5956.

346 Hiftoria Monafterii S. Vvandregifili, anni 944.
Vita S. Amalbergæ Virginis.
De B. Villebrordo Antiftite.
Radboudus Epifc. Trajeĉt. de vitâ S. Amalbergæ.
Vita & miracula S. Gudvvali Epifcopi. *in membr.*
F. Latin 5606. — Vient peut-être de l'abbaye de Saint-Wandrille.

347 Ufuardi Martyrologium. *in membr.*
F. Latin 5242.

348 Jacobi Januenſis Legendæ SS. *in membr.*

> F. Latin 5629. — Cette Légende dorée a fait partie de la bibliothèque de l'échevinage de Rouen. On lit à la fin : « Le jour de l'invencion sainte Croix, tiers jour de may, l'an de grace mil CCCC LXXIX, sire Jacques de Croismare, lors lieutenant general de monseigneur le bailli de Rouen, donna à la communaulté de la dicte ville ce present livre, et le livra en l'ostel commun d'icelle ville à Jean Mustel, Rogier le Tourneur, Mahieu Dureaume, Guillaume du Four, Guillaume Auber, Pierres Patart, lors conseillers, Nicolas Poillevilain, receveur, Martin des Essars, procureur, et Michel Boissel, clerc de la dicte ville. » — Ce volume est à ajouter à ceux que j'ai déjà signalés comme venus de la librairie des échevins de Rouen ; voyez *Le Cabinet des manuscrits de la Bibl. Impériale*, I, 544-547.

349 — — Eædem anni 1316. *in membr.*

> F. Latin 5389. — De l'église de Notre Dame d'Ecouis.

350 Vita Arii hæretici.

> F. Latin 3651.

351 Chronologie des Rois de France.

> F. Français 5712.

352 Vvillelmi Gemmeticenſis hiſtoria Normannorum. *in membr.*

> F. Latin 6217.

353 Chronique de Normandie. *in membr.*

> F. Français 5947.

354 Chronicon Rotomagenſe, ab anno 301. ad ann. 1380.

> F. Latin 5530.

355 Abregé hiftorique des chofes arrivées en Normandie,
& furtout à Rouen depuis 1559.
> F. Français 5948.

356 Hiftoria Ambezienfium.
Chronica Andegavorum.
De Godefrido Cotte-grife.
Gefta Dominorum Ambeziæ.
> F. Latin 6219. — Probablement venu de Louis Martel.

357 Ordo obfervandus in coronatione Regis Poloniæ.
> F. Latin 6229.

357*Galfredi Monumetenfis hift. Regum Britanniæ. *in
membr.*
> F. Latin 6231.

358 Relacion de la deſtrucion de las Indias, por Bartol. de
las Cafas.
> F. Espagnol 276.

358*Difcours concernant les Coutumes de divers peuples.
in membr.
> F. Français 208. — Vient de la famille de Mesmes, et non de
Bigot.

359 Traité des Monnoyes.
> F. Français 5916.

359*Négociations concernant la délivrance de François I.
> F. Français 5760.

360 Declaration de la mort de Henry III. & du fcandale
qu'en a eu l'Eglife.
> F. Français 5793.

360* Vie de M. de Malherbe, par M. de Racan.

  F. Français 6002.

361 Series virorum & mulierum illuftrium Angliæ.

  F. Latin 6241.

362 Entrée de Louis XII. dans Rouen en 1508.

  F. Français 5749.

THEOLOGI, *in octavo, in douze, &c.*

363 Biblia facra, Lat. cum Calendario, prologo D. Hieronymi & expofit. vocum Hebraïc. *in membr.*

  F. Latin 230. — Il appartenait en 1530 à « Nicolaus Hie. Mal-
larius, comes Lugdunensis theologus. »

64 Biblia Metrica, autore Petro de Riga. *in membr.*

  F. Latin 8328. — Volume ayant fait partie de l'ancienne
bibliothèque de la Sorbonne.

65 De Virtutibus Cardinalibus, & Theologicis, ex Pfal-
mis. *in membr.*

  F. Latin 3715.

66 Hiftoire & expofition de la Paffion de N. S.

  F. Français 2451.

67 Breviarium Parifienfe, fcriptum anno 1471. *in membr.*

  F. Latin 1293.

68 — Rotomagenfe. *in membr.*

  F. Latin 1297.

           M

369 Breviarium Conftantienfe. *in membr.*
F. Latin 1300.

370 — Ebroïcenfe. *in membr.*
F. Latin 1270.

371 — Bajocenfe. *in membr.*
F. Latin 1298.

372 — — Idem.
F. Latin 1299.

373 — Ecclefiæ Catedr. S. Flori. *in membr.*
F. Latin 1305.

374 Diurnale Romanum. *in membr.*
F. Latin 1316.

375 — Lexovienfe. *in membr.*
F. Latin 1323.

376 Confuetudinarium Becci Herluini.
Albuini, *fortè* Alcuini liber de Virtutibus.
Ariftoteles de Aftrologiâ, Lat. faƈtus per Phil. Cleri-
cum. *in membr.*
F. Latin 1208. — Ce ms. vient du prieuré de Bonne-Nouvelle
de Rouen.

377 Obituarius Ecclefiæ Rotomagenfis.
F. Latin 5660.

378 Heures Latines, avec des figures enluminées, *in membr.*
F. Latin 1411.

379 Articuli Paffionis Dominicæ. *in membr.*
F. Latin 1199.

380 Preces variæ ex Scripturâ & Patribus. *in membr.*
F. Latin 1409.

381 Officium B. Virginis, &c. *in membr.*

F. Latin 1367.

382 Horæ Virginis Deiparæ, cum piis Orationibus. *in membr.*

F. Latin 1410.

382* DD. Bafilii, Gregorii Naz. & aliorum PP. Homiliæ diverfæ, Gr. *in membr.*

F. Grec 1153.

383 D. Gregorius in IV. Evangelia.

Calculatio & concordia menfium.

Argumenta Græcorum de titulis Pafchalibus Ægyptiorum.

Explicatio Canonis Miffæ.

Varia ad Calendar. Gregorianum pertinentia.

Canones Nicæni XXII.

Canones Apoftolorum.

Canones Concilii Chalcedonenfis.

Statuta Synodi Carthaginenfis.

Canones Laodiceni LVIII.

—— Ancyrani XXV.

Concilium Sylveftri Papæ ad Thermas Trajanas.

Canones Concilii non nominati.

Præfatio Canonum Fulgentii Ferrandi.

Dogmata Gennadii Maffilienfis. *in membr.*

* *In hocce Codice fcripto anno 8t5. plurimi Canones differunt ab editis, juxtà Sententiam D. Joan. Bigotii.*

F. Latin 2796.

384 D. Auguſtini Meditat. Soliloquia & Manuale.

> D. Bernardus de Conſcientiâ.
>
> D. Anſelmi Oratio.
>
> Manaſſæ Regis Juda Oratio.
>
> D. Iſidori Synonima & Soliloquia.
>
> De Lucretiâ pulchrâ lamentabilis Patris & Mariti propoſitio, cum reſponſ. ipſius Lucretiæ.
>
> Albertani de doⒸrinâ dicendi & tacendi liber, compoſitus anno 1245. *in membr.*
>
> F. Latin 2972.

384* D. Iſidori Epiſtolæ, cum not. ad calcem.

> F. Latin 2993.

385 Guidonis Fabæ DiⒸaminis ſumma.

> Jacobi Dranenna quæſitæ Epiſtolæ. *in membr.*
>
> F. Latin 8661.

386 Sermones de Virtutibus. *in membr.*

> F. Latin 3751.

387 Demandes & réponſes ſur des matières de Devotion. *in membr.*

> F. Français 2458.

388 Julianæ Anatoritæ Revelationes, Anglicè.

> F. Anglais 40.

JURIDICI, *in 8. in 12. &c.*

389 Alexandri III. Papæ Epiſtolæ.
     Plura fragmenta de Diverſis.
     Expoſitio in Cantica. *in membr.*
     F. Latin 1596.

390 S. Auguſtini Regula, cum Declarationibus anni 1347.
     in membr.
     F. Latin 4383.

391 Regle & Conſtitutions des Religieuſes de Saint Domi-
     nique.
     La Regle de S. Auguſtin.
     F. Français 2467.

392 Regle des Oblats, & Formulaire pour les recevoir.
     F. Français 2469.

393 Statuta Synodalia Diœceſis Bajocenſis.
     F. Latin 1611.

394 Statuts de la Confrérie de S. Pierre & S. Paul de
     Rouen, en 1349. *in membr.*
     F. Français 5957.

395 Coutume de Normandie, écrite en 1303. *in membr.*
     F. Français 5963. — A la fin du volume : « Anno Domini
     millesimo tricentesimo tercio, scripta fuit hec Consuetudo,
     quam scripsit Robertus de Londa. »

396 Coutume de Normandie, de 1313. *in membr.*
     F. Français 5964.

397 — La même, fans année. *in membr.*
> F. Français 5965.

398 — — La même, avec plufieurs anc. Ordonn. de l'Ef-
chiquier. *in membr.*
> F. Latin 1426 B.

399 — — en vers François par Guillaume Cauph. *in membr.*
> F. Français 5962.

400 — de la Vicomté de l'Eau de Rouen. *in membr.*
> F. Français 5966.

401 — — La même, augmentée. *in membr.*
> F. Français 5967.

402 Ordonn. de la Ville de Rouen de 1320. *in membr.*
> F. Français 5968.

403 — pour les Tailleurs de Rouen, de 1423. *in membr.*
> F. Français 5953.

404 Coutumes de Bretagne abregées. *in membr.*
> F. Français 5984.

·Philosophi, *in* 8. *in* 12. *&c.*

405 Epiƈteti Enchiridion, Græcè.
> F. Grec 2122.

406 De Principum informatione. *in membr.*
> F. Latin 6780.

407 Liber Medicinæ, continens varia Remedia. *in membr.*

F. Latin 7118. — Au commencement du volume, note du xv⁰ siècle : « Ceȿt livre est à Pierre Lancelevée, appoticaire, demourant à Paris, aux Hallez, au Chapeau Rong. Qui le trouvera, sy le rapporte au Lyon Rouge, en la rue Martainville, à Rouen; et il arra bon vin. »

408 De fecretis mulierum, incerto autore.

Recettes contre l'Epidemie, approuvées par les Medecins de Paris.

F. Latin 7106.

409 De Febrium differentiis.

Tagautii prælectio Scribonium Largum.

Galenus de conftitut. artis medicæ.

F. Latin 7120.

410 Recueil de Remèdes contre diverfes maladies.

F. Français 2041.

411 Recettes pour divers maux tant des hommes que des chevaux.

Ce volume ne paraît pas être à la Bibliothèque Nationale.

HUMANIORES LITTERAE, *in* 8. *in* 12. *&c.*

12 Cicero de Amicitiâ, de Senectute, Paradoxa, & variæ Orat.

Arbre de Generation de nos Rois, par Guill. de Nangis.

F. Latin 6763. — Au commencement, note du xv⁰ ou du xvɪ⁰ siècle : « Pro N. de Fayel, canonico Lexoviensi. »

413 Epiſtola de lamentabili ſtatu Franciæ, ſub narratione
poëticâ.

Collucii Purii exclamationes de violatione Lucretiæ.

Salluſtii invectiva in Ciceronem, cum reſp. Ciceronis.

Cicero in Catilinam. *in membr.*

F. Latin 7876 A.

414 Poëſies Françoiſes Chrétiennes.

F. Français 2199.

HISTORICI. *in* 8. *in* 12. *&c.*

415 Coſmographia incerti autoris, & præcipuè de Europâ.

F. Latin 4851.

416 Chronicon de Archiepiſcopis Roωmag. à Melone ad
annum 1510. per Joann. Maſſelin.

Genealogie des Rois de France & Ducs de Normandie, depuis Pharamond juſqu'en 1475.

F. Latin 5639.

417 Ceremonies de la Creation des Emp.

  — du Sacre du Roy.

  — de la creation des Capitaines.

De l'ordre qu'il faut tenir dans les combats.

Obſeques du Conneſtable du Gueſclin.

Des Heraults d'armes.

Des Armes que fit M. de Charny auprès de Dijon en
1441.

F. Français 1983.

418 Traité d'armes *ou* armoiries, avec les Blafons enluminez par Clement Prinfault. *in membr.*
F. Français 5936.

419 Genealogie des Comtes de Montgommery depuis 932.
avec le Catalogue des Paroiffes dudit Comté. *in
membr.*
F. Français 6480.

420 Traité comment on fait l'Emp. de Rome.
De l'ordre qu'il faut tenir pour faire un Roy, & les
autres ordres inferieurs.
Catalogue des Villes, Comtez & Duchez de France.
Abregé des chofes arrivées en France, depuis 1403.
jufqu'en 1433.
Traité de faire Armes.
Livre des Armes des Seigneurs de France, Bretagne,
Vermandois, Beauvoifin.
Noms des Maires de Rouen. *in membr.*
F. Français 5930.

421 Recueil de diverfes Armoiries ramaffées par M. Jean
Bigot, 2 vol.
Ce recueil ne paraît pas être entré à la bibliothèque du
roi.

422 Rerum Indices eruditi, ex autoribus variis.
F. Latin 8821.

N

Fasciculi.

423 Fafciculus Excerptorum variorum multiplicis generis, inter quæ Annotat. in SS. Patres, in Concilia, in Hiftoriam Ecclefiafticam, in Jus Civile & Canon. in Humaniores Literas. &c.

Beaucoup des papiers compris ici sous les n°ˢ 423-449 sont à la Bibl. Nat., dans le fonds grec, n°ˢ 3079-3117.

424 Paquet de pieces concernant les Privileges de la Ville de Rouen, & plufieurs Catalogues des familles nobles de Normandie.

425 Differentes pieces fur toutes fortes de matieres. 9. vol.

Codices mss. D. Joan. Bigotii.

426 Excerpta, loci communes, *feu* annotationes ad Jus utrumque & Practicam pertinentia. *in fol.* 3. vol.

427 Loci communes varii & multiplicis generis. *in* 8. 10. vol.

428 Collectanea ex Scripturâ Sacrâ & Scriptoribus facris & profanis. *in* 8. 7. vol.

Codices mss. D. Lud. Emerici Bigotii,

Quorum alii ab ipfomet fcripti & compofiti, alii verò manu propriá è Codd. MSS. Bibliothecar. Italiæ & Galliæ eruti, tranfcripti & collati, & differentiis Lectionum diftincti & illuftrati.

429 D. Nilus de paupertate voluntariâ, & varia, Gr. 2. vol.

430 Hiftoria Chronologica, ab orbe condito ad hæc tempora.

431 Euthymius in Pfalmos, Græcè.

431* Choricii encomium Sumi Ducis exercituum, Gr.
　　Philo Carpathius in Cantica, Gr.

432 Variantes Lectiones in D. Hieronymum de Scriptoribus Ecclefiaft.

433 Petrus Diaconus Philofophus de Sole, Luna & Aftris, Græcè, ex Bibliot. Lud. Martelli; & idem tranfcriptus à D. Bigotio è Cod. Regio.

434 Homeri Rapfodia, quam fcripfit Theodorus Gaza, Græcè.

435 Joannis Philadelph. Tractatus de diebus & menfibus, Græcè.

436 Annotationes in Codinum de Originibus Conftantinopolitanis.

437 Index & excerpta Vitarum *feu* Actorum SS., Palladii maximè, ex Codd. MSS. Bibliothecæ Colbertinæ. 3. vol.

438 Varia Nili & Gregorii Nyffeni, Græcè.

438* Caffiani Collationes & varia afcetica Græcè, cum variis excerptis Athanafii, Gregorii Naz. &c. 2 vol.

439 Collationes & annotat. in D. Chryfoftomum.

440 Libanii Epiftolæ, Græcè, ex Cod. Vaticano, cum duobus Indicibus Græcis.

441 Syropuli hiftoria Synodi Florentinæ, Lat. ex Cod. Regio.

442 Collectanea ex Bibliothecis Mediolanenfi S. Laurentii Florentiæ & aliis, *feu* variantes Lectiones, reftitutiones, collationes, emendationes & notæ criticæ in varios Auctores, *fcilicet* in Ignatium, Themiftium, & Caffianum, in Octavii Falconerii Infcript. Athleticas, in Evagrium, Oribafium Pergaminum, Eufebium Pamphilum, & Plutarchum, in Theodor. Studitam, Libanium, Tertullianum, Afconium Pedianum, Epiphanium, Theophilactum, Didymum, Plinium, Anaftafium, Alexand. Aphrodifæum, Hefychium, Caffiodor. Eulogium, & plurimos alios, tam Græcos quàm Latinos. 13. vol.

Miscellanea ejusd. D. Bigotii.

443 Regles pour discerner les anciens Titres faux d'avec les veritables.

De la maniere de datter en France.

Sçavoir si Basile a été le dernier personnage privé qui ait porté le nom de Consul.

Du Royaume d'Yvetot.

Cognomina Nobilium qui Guillelmum in Angliam secuti sunt.

Collatio Chronicæ Gregorii Turonensis, cum Chronicis Eusebii, Hieronymi & Prosperi.

Du nom de Tres-Chrétien donné aux Rois de France.
Des Formules des Anciens.

Du nom de Fils-aîné de l'Eglise donné aux Rois de France.

De l'Excommunication des Rois de France.

Du Sacrement de Confirmation, & de l'imposition des mains.

Sçavoir s'il étoit permis aux simples Prêtres de reconcilier les Heretiques, & comment.

Si dès le commencement les Prêtres ont eû le pouvoir de donner le Chrême sur la tête des enfans baptisez.

Canon ultimus Concilii CP. de receptione Hereticor. in Ecclesiâ.

De Concilio Arauficano anni 441.

De Pallio.

De Monialibus.

De benedictione Diaconissæ.

De Monachis.

De Miffâ privatâ Carthufienfi modo.

De Statu Chriftianor. fub Impp. Rom. Ethnicis.

Des Dots Religieufes.

444 De Miffâ, & de Paffione Chrifti.

De Synagogâ, de Judæis & Ecclefiâ Hierofolymit.

De Ecclefiâ Græcâ, Latinâ & Africanâ.

De Ecclefiâ Gallicanâ & ejus Privilegiis.

De Papâ Romano & Cardinalibus, de Epifcopis & Chorepifcopis. de Prefbyteris & Diaconis.

De Concilio.

De Hærefibus & Hæreticis.

De Feftis & Sanctis.

De Peregrinationibus.

De Metropolitis, Archiepifcopis, Primatibus, Patriarchis, & aliis Dignitatibus Ecclefiaft.

De Sacramentis in genere & feorfim.

De matrimonio Sacerdotum.

De Regibus Galliæ.

De Imperatore Romanorum, & de Imp. Orientali.

De Regibus Angliæ, de Ducibus Normanniæ, & Archiepifc. Rotomag.

De aliis Regibus.

De tranflationibus Bibliæ.

De precibus in linguâ vulgari, de Symbolis, de Pro-
ceffionibus, & de Imaginibus.

De ritibus Paganorum & de Campanis.

De Bonis Ecclefiafticis.

De Monachis, Abbatibus & Monialibus.

De Azylis.

De Coronâ & Tonfurâ.

De Concionibus.

De Eulogiis & Pane benedicto.

De fepulchris & fepulturis.

De Appellationibus.

De lectione librorum, & de libris abfolutè.

Du mot de Communion, & de fes fignifications.

De Oblationibus.

De veftibus & ornamentis Ecclefiaft.

445 Des Pechez, de la Penitence publique, & de fes efpeces.

Du mot de Communion & de fes differentes fignifications.

> * Hicce tractatus differt ab illo in codice præ-
> cedenti relato. (F. Français 9632.)

446 Inftitutum & Monimentorum coacervatio pro collec-
tione Conciliorum Rotomagenfium proximè edendâ.

Fasciculi ejusd. D. Bigotii.

447 Adriani introd. in divinas fcripturas.

Differt. de Synefio, & quo anno Epifc. detrectaverit.

Epiſtola Severi ad D. Paulinum.

Clementis ad Corinthios Epiſt. latinitate donata à J. Tarino.

De l'impoſition des mains dans le Sacrem. de Confirmation.

De la dignité des Archidiacres.

Modus tenendi Parliamentum.

Animadverſiones in Concilia.

Des Tailles.

De Menæis Græcorum.

Mæris Atticiſta, Gr. ex cod. Regio.

Index Epiſt. Petrarchæ, ex cod. Colbertino.

Des Langues, de l'invention des Lettres, & des diverſes inventions pour écrire.

Eumæridis Lexicon dictionum Atticarum & Hellenicarum, Græcè, cum alio Lexico Gr. Lat. incerti autoris.

Dexippi Electa.

Varia de ponderibus & menſuris.

Inſcriptiones quædam.

Chronique des Abbez de S. Ouen.

Abregé & l'ame des Etats de Paris de 1593. *cum hâc annot. ad calcem.* Cet Exemplaire eſt le plus fidele, les Imprimez ſont pleins d'additions ineptes.

Critique de l'hiſt. de Belleforeſt.

Appendix ad Martyrologium Rotomag. cum variis Hiſtoriam Norman. ſpectantibus.

448 Textus Græcus Palladii de vitâ D. Chryfoftomi, cum verf. & acceffionibus, ficuti prodierunt operâ D. Bigotii.

449 Chartæ palantes & lucubratiunculæ variæ.

450 Epiftolæ ad D. Bigotium per Doctos Viros confcriptæ.

U